Alain Kennedy

LETTRES
d'offre de service

Comment se vendre auprès d'un employeur

LES ÉDITIONS
Quebecor

® QUEBECOR MEDIA

Introduction*

Parce qu'une lettre de présentation leur permet de mieux connaître la personnalité du candidat, 90 % des employeurs apprécient qu'un C.V. en soit précédé.

Tiré de l'enquête menée en 1994 auprès des conseillers en ressources humaines du Québec

La lettre d'offre de service, certains disent de présentation, de motivation, d'accompagnement ou de candidature, est cette lettre qui accompagne votre curriculum vitæ que vous faites parvenir à un employeur potentiel lorsque vous êtes à la recherche d'un emploi.

Nombreux sont ceux qui pensent que cette lettre est carrément inutile car, croient-ils, les éventuels employeurs n'ont ni le temps ni le désir de la lire et la mettent systématiquement à la poubelle. Il est vrai que certains employeurs négligent la lecture des lettres de présentation, mais ce serait une infime portion de ceux-là puisque pas moins de 90 % d'entre eux, selon une enquête menée à cet effet, affirment au contraire les lire attentivement. Pour

---

* À noter que le masculin est utilisé dans ce livre afin d'alléger le texte.

ces derniers, la lettre de présentation est souvent ce qui fait la différence entre un rendez-vous pour une entrevue et une fin de non-recevoir.

Qu'elle soit destinée aux chasseurs de têtes, aux chefs de service, aux dirigeants des ressources humaines ou aux grands patrons eux-mêmes, votre lettre de présentation constitue une sorte de passeport pour l'emploi et la meilleure façon de faire une première bonne impression car, ne l'oublions pas, cette lettre est le premier « contact » entre vous et l'employeur et lui permet de se faire une première opinion sur vous.

Dans cette perspective, la lettre de présentation est un inestimable outil de vente et très certainement un des plus difficiles à concevoir et à rédiger. Chaque lettre doit être construite sur mesure, à la fois pour vous et pour l'employeur auquel vous vous adressez. Elle doit être personnalisée et refléter qui vous êtes, en plus d'indiquer la raison pour laquelle vous croyez que l'on devrait vous embaucher, vous, plutôt qu'un autre.

Vous croyez que vous n'avez pas le talent nécessaire, que vous n'avez ni le temps ni la patience de créer une lettre de présentation efficace, ou encore vous ne savez simplement pas par quel bout commencer ? Alors, ce livre est conçu pour vous.

Dans la première partie, vous trouverez toutes les règles de base qui doivent présider à la rédaction de votre lettre de présentation. En effet, il existe quelques prescriptions d'usage, un certain protocole, c'est-à-dire un ensemble de règles à observer afin que votre lettre soit conforme à ce qu'exige l'étiquette. En observant cette dernière, vous démontrerez votre sérieux et votre respect des conventions.

La seconde partie, quant à elle, est un florilège de lettres de présentation divisé en six grandes catégories : les lettres de présentation à la suite d'une annonce, spontanée, à la suite d'une référence, à la suite d'une annonce parue dans Internet, à la suite d'une rencontre, d'une conférence ou d'un autre événement et, enfin, pour un emploi d'été. Il ne fait nul doute, à notre esprit, que l'une d'elles répondra précisément à vos attentes et à vos besoins.

Pourquoi une lettre de présentation

Le premier but de la lettre de présentation vise naturellement à signifier au destinataire que vous aimeriez travailler pour l'entreprise qu'il dirige ou dont il fait partie. Cette lettre, comme son nom l'indique, sert justement à vous présenter afin de susciter l'intérêt de cet employeur et éventuellement obtenir une entrevue.

Pour éveiller son intérêt, vous devez répondre à ses attentes ; il vous faut souligner, de façon claire et nette, le lien direct entre votre expérience et vos compétences et les exigences particulières de l'emploi offert ou sollicité. Ainsi, d'entrée de jeu, vous lui indiquez dans quelle mesure il peut bénéficier de vos qualifications. En ce sens, vous devez faire votre « réclame », vous « vendre », faire la démonstration que vous êtes la personne la plus qualifiée pour occuper l'emploi.

L'un des avantages de la lettre de présentation est justement de vous permettre de vous adresser directement à l'employeur afin de l'inviter à prendre connaissance de votre curriculum vitæ. Si vous savez vous mettre en valeur dans une lettre de présentation convaincante, vous augmentez d'autant vos chances de susciter son attention et de faire en sorte qu'il veuille en savoir davantage sur vous, qu'il parcoure d'abord votre curriculum vitæ et vous convoque ensuite en entrevue.

À cet égard, il est important que vous personnalisiez votre lettre de présentation pour chaque emploi que vous sollicitez, que vous l'adaptiez à ce que l'entreprise est et exige. Votre C.V. est standard, tandis que votre lettre de présentation doit être personnelle. Elle reflète vos habiletés de communication, votre capacité à structurer vos idées, vos talents de rédacteur, votre aptitude à vous exprimer clairement et correctement, votre souci du détail – texte exempt d'erreurs de syntaxe ou d'orthographe –, votre niveau de professionnalisme, votre enthousiasme, votre degré de politesse et votre attitude positive.

Comme vous pouvez le constater, la lettre de présentation est très importante : elle projette une image de vous qui contribuera à façonner l'opinion du destinataire à votre égard. Lorsque vous rédigez vos lettres, gardez toujours à l'esprit que l'entreprise à laquelle vous écrivez reçoit probablement, en même temps que le vôtre, des dizaines, voire des centaines de C.V. Alors, si vous voulez qu'on retienne votre candidature, vous devez vous appliquer à attirer et à retenir l'attention de l'employeur.

Et maintenant, à vous de jouer !

Première partie

Les règles de base

La présentation

Il y a, pour les lettres de présentation comme d'ailleurs dans toute correspondance, certaines règles de base à respecter concernant la présentation, l'ordre des éléments ainsi que le corps de la lettre.

Le papier

Servez-vous toujours d'un papier de bonne qualité, format 21 cm × 29,7 cm, d'une propreté impeccable, uni, non quadrillé ni ligné et sans en-tête, à moins que vous ne soyez une entreprise. Utilisez de l'encre bleue ou noire. Si, de façon générale, les employeurs préfèrent le papier blanc, c'est qu'ils apprécient pouvoir faire, au besoin, des photocopies de votre lettre et de votre curriculum vitæ. Cependant, un papier légèrement teinté (blanc cassé, crème ou dans des teintes pastel) n'empêchera nullement sa photocopie et vous permettra, tout en restant sobre, de faire en sorte que l'on distingue du premier coup d'œil votre lettre de présentation et votre C.V., et ce, parmi des dizaines d'autres.

De la même façon, et pour les mêmes raisons, choisissez un papier un peu plus épais que le papier ordinaire. Si vous envoyez votre lettre de présentation et votre C.V. par Internet, il est quand même toujours de bon ton de vous présenter à l'entrevue muni de vos documents imprimés et protégés par une pochette protectrice. Il est à noter que la lettre de présentation, le curriculum vitæ et l'enveloppe doivent tous être de la même couleur.

La représentation graphique

Quelques entreprises et chasseurs de têtes exigent encore, quoique de moins en moins, une lettre de présentation manuscrite, surtout pour les postes de cadre, afin de pouvoir en faire une étude graphologique. Toutefois, si l'offre d'emploi ne comporte pas cette exigence, utilisez toujours le traitement de texte informatisé – oubliez la machine à écrire désuète. Si vous ne possédez pas d'ordinateur, confiez la mise en page de votre lettre de présentation et de votre C.V. à une personne d'expérience. Cela vous coûtera peut-être quelques dollars, mais vous gagnerez en crédibilité. Par ailleurs, les ratures et les corrections à la main sont inadmissibles : si vous avez fait une erreur de frappe ou une faute d'orthographe, ou encore si vous avez malencontreusement sali votre feuille, recommencez.

Les polices de caractères et la taille des lettres

Une seule police de caractères doit être utilisée pour une même lettre. Selon la longueur de celle-ci, la taille de la police sera de 10 ou de 12 points. Les polices de caractères les plus courantes sont Times ou Helvetica, mais Monaco, New York, Palatino et Geneva peuvent aussi être utilisées. Cependant, évitez les polices de caractères de type script qui sont parfois difficiles à déchiffrer et qui fatiguent la vue. Pour les mêmes raisons, réservez les caractères gras (*bold*), les italiques et les soulignés pour les titres et les mots clés. Par ailleurs, quoiqu'ils soient acceptés, évitez le plus possible l'utilisation de symboles tels que ❶, ☎, ✉, etc.

Les marges

Tout en tenant compte de l'en-tête du papier à lettres, prévoyez une marge de quatre centimètres en haut, en bas et de chaque côté de votre lettre.

L'alignement

Le texte sera aligné à gauche, mais un texte justifié pourrait aussi être accepté. Dans ce dernier cas, cependant, prenez garde à la bonne répartition des mots et des espaces blancs.

L'interligne

L'usage préconise le simple interligne. Cependant, dans le cas d'une lettre très brève, vous pouvez opter pour l'interligne et demi ou l'interligne double. Si vous disposez de suffisamment d'espace, laissez un interligne supplémentaire entre les paragraphes.

La longueur de la lettre

La lettre de présentation ne doit pas excéder une page. Elle doit être claire, aérée et succincte, et témoigner de votre capacité à synthétiser vos idées. Par contre, une lettre trop courte, constituée seulement de quelques phrases qui pourraient convenir à n'importe quelle entreprise, risque de paraître générale et impersonnelle. Tout en restant bref et clair dans vos propos, sachez adapter le contenu à votre destinataire.

La photocopie

Si vous envoyez une photocopie de lettre de présentation, assurez-vous de la bonne qualité de l'impression. En outre, votre signature ne doit jamais être photocopiée. Chaque lettre doit être signée individuellement.

L'expédition

Votre lettre de présentation, accompagnée de votre C.V., doit être expédiée par la poste dans une grande enveloppe. Ces deux documents ne doivent être ni pliés ni attachés.

La disposition

Le sujet ne fait pas l'unanimité, pas plus en français qu'en anglais. Cela dit, il existe essentiellement trois alignements, tant en français qu'en anglais.

Dans ce guide, nous avons retenu la lettre à un alignement (*block*, en anglais), car c'est à la fois la plus simple et la plus répandue. Dans ce type de disposition, il n'y a aucune tabulation et tous les éléments (même l'objet, lorsque sa mention est nécessaire) sont alignés contre la marge de gauche.

Retenez cependant qu'il existe aussi les lettres à deux et à trois alignements, lesquelles correspondent aux dispositions, en anglais, de *modified block format* et *modified semiblock format*. Dans le cas de la première, la date et la signature sont à droite, l'objet est centré et les autres éléments sont alignés contre la marge de gauche. Les paragraphes sont présentés sans alinéa. Dans la lettre à trois alignements, les éléments sont répartis sur l'ensemble de la page. La date et la signature sont à droite, tous les autres éléments alignés contre la marge de gauche. Les paragraphes commencent par un alinéa.

Dans chacune de ces dispositions, un interligne sépare les paragraphes.

L'ordre des éléments

Voici l'ordre dans lequel doivent apparaître les éléments suivants : vos nom et adresse, la date, le destinataire, l'objet ou la référence, l'appel, le corps de la lettre, la formule de politesse, votre signature et votre nom.

Vous trouverez ci-dessous quelques précisions à l'égard de chacun de ces éléments.

Vos nom et adresse

Vous devez inscrire votre nom et votre adresse complète, sauf, bien sûr, si vous utilisez un papier à en-tête. Relativement à l'adresse postale, voici quelques informations pertinentes.

- Le code postal est écrit sur la même ligne que la ville et la province.

- Le nom de « Québec » ne s'abrège pas et s'inscrit entre parenthèses après le nom de la ville.

- Les noms des villes ne doivent jamais être abrégés.

- Les points cardinaux doivent être écrits après le nom de la rue, en entier et avec une première lettre majuscule.

- On peut abréger boulevard et avenue par boul. et av. ; on peut abréger Case postale par C. P.

- Si un numéro doit précéder le mot rue ou avenue (2e Rue ou 4e Avenue), ces derniers seront écrits avec une première lettre majuscule.

- Si l'adresse comporte un numéro d'appartement, celui-ci sera précédé d'une virgule après le nom de la rue, et identifié par app. ou appartement en entier, et jamais par le signe #.

- Dans les adresses, on ne met aucune ponctuation en fin de ligne.

Voici un exemple.

Jacques Lacombe
17, boul. des Lettres Ouest, appartement 2
Lévis (Québec) G7A 1R9

La date

Alignée contre la marge de gauche, la date doit être écrite en chiffres et le mois, en lettres minuscules. Si le lieu de départ de la lettre est indiqué, il est suivi d'une virgule et du déterminant « le ». Aucune abréviation n'est admise et l'on ne met pas de point après la date.

Montréal, le 15 septembre 2005 ou
15 septembre 2005

Le destinataire (aussi appelé « vedette »)

Il vaut toujours mieux adresser sa lettre de présentation à un inter-locuteur en particulier. Prenez le temps de téléphoner à l'entreprise pour connaître le nom de la personne qui s'occupe de l'embauche. Parce que vous aurez fait cette démarche, qui ne vous demandera qu'un petit effort, vous serez probablement perçu comme une personne débrouillarde et ayant le souci de la précision. Le nom de la personne doit toujours être précédé du titre de civilité « Madame » ou « Monsieur » et ne jamais être abrégé.

Cependant, s'il vous est impossible de connaître ce nom, adressez votre lettre au directeur du personnel, des communications ou des ressources humaines, ou comme cela aura été indiqué dans l'offre d'emploi.

Le nom du destinataire doit être suivi de son titre, si vous le connaissez, du nom de l'entreprise et de son adresse postale complète.

La présentation devrait être comme dans cet exemple :

Monsieur Jules Joubert
Directeur des ressources humaines
Groupe Multi-Rédaction
1111, boulevard de l'Emploi Nord, bureau 44
Trois-Rivières (Québec) G8Y 2Z4

L'objet

Cette mention est facultative, mais recommandée. « Objet » doit toujours être au singulier et suivi du deux-points. L'objet a pour but de présenter succinctement le contenu de la lettre. Il facilite la compréhension du message et le classement. Il est écrit sous la vedette, mais au-dessus de l'appel. Il commence par une majuscule et se termine sans point final. L'objet est souligné ou en caractères gras ; il est placé contre la marge de gauche dans la disposition que nous vous suggérons.

Objet : Poste de rédacteur en chef

L'appel

Si vous connaissez le titre de civilité du destinataire, vous l'inscrivez ainsi :

Madame, (ou Mesdames,) OU
Monsieur, (ou Messieurs,)

Si vous ne connaissez pas le titre de civilité du destinataire, vous les écrivez tous les deux, l'un sous l'autre, comme ci-dessous.

Madame,
Monsieur,

Notez qu'il n'est pas nécessaire de répéter le nom propre du destinataire dans l'appel. Celui-ci se termine toujours par une virgule.

Si vous connaissez le titre professionnel du destinataire, vous pouvez remplacer l'appel général par ce dernier. Par exemple :

Monsieur le Directeur,
Madame la Présidente,

L'adjectif « cher » pour le moins familier est à éviter, sauf si le destinataire est un ami.

Si vous vous adressez à un avocat ou à un médecin, vous pouvez écrire, seul, « Maître » ou « Docteur » sans nom propre, mais suivi d'une virgule.

Le corps de la lettre

Une lettre de présentation type comporte quatre paragraphes, mais il ne s'agit nullement d'un nombre immuable comme vous le verrez ci-dessous. Cependant, vous devez vous assurer que votre lettre tienne sur une page et que le texte soit suffisamment aéré pour ne pas rebuter la personne qui en prendra connaissance.

À l'instar de toutes communications, la lettre de présentation comporte une introduction (un paragraphe), un développement (deux paragraphes et plus) et une conclusion (un paragraphe). Consultez la rubrique entièrement consacrée au corps de la lettre pour savoir comment se rédige chacune de ces parties.

La formule de salutation

Dans les modèles que nous vous présentons dans cet ouvrage, nous avons opté pour certaines formules de salutation qui correspondent au contenu de chacune des lettres, mais elles peuvent être remplacées par d'autres qui vous conviennent mieux. Nous vous en offrons quelques-unes parmi les plus utilisées. Notez qu'elles doivent toujours se terminer par un point.

Comme vous pouvez le constater, nous vous suggérons, en guise de formules de salutation, des phrases complètes car nous croyons que, pour les lettres de présentation, elles sont plus professionnelles que les simples salutations comme « Amicalement » ou « Cordialement ». À notre avis, ces dernières, à consonance plus familière, devraient être réservées à la correspondance personnelle ou, tout au moins, plus informelle. Les salutations finales doivent être en harmonie avec le texte de la lettre et correspondre aux relations existant entre l'expéditeur et le destinataire.

Il y a deux types de salutations : impérative ou personnelle (dite aussi simple). Dans le premier cas, la phrase commence par « Agréez… », « Croyez… », « Recevez… », tandis que dans le second, elle commence par « Je vous prie… ».

La formule de salutation peut être précédée d'un verbe au participe présent comme « En espérant que… », « En vous remerciant à l'avance… », « En attendant… ». Dans ces cas, vous devez absolument utiliser le type de salutations personnelles en poursuivant la phrase par les mots « Je vous prie… ».

Dans toutes formules de politesse, vous devez reprendre la formule d'appel (Monsieur, Madame la Directrice, Maître, etc.).

Exemples de salutations impératives :

Veuillez agréer, Monsieur, mes salutations distinguées.
Recevez, Madame, mes plus respectueuses salutations.
Agréez, Docteur, mes sincères salutations.

Exemples de salutations personnelles simples :

Je vous prie de recevoir, Madame la Directrice, mes respectueuses salutations.

Je vous prie de croire, Monsieur le Président, en l'assurance de ma considération distinguée.

Je vous prie d'agréer, Madame, Monsieur, l'expression de mes sentiments les meilleurs.

Exemples de salutations précédées d'un verbe au participe présent :

Vous remerciant chaleureusement à l'avance, je vous prie d'agréer, Madame, l'expression de mes sentiments distingués.

En espérant que vous prendrez ma candidature en considération, je vous prie d'agréer, Maître, mes salutations bien sincères.

La signature

Vous terminerez votre lettre en signant sous la formule de salutation. Sous cette signature manuscrite, votre nom sera écrit en caractères d'imprimerie, sans ponctuation. De façon facultative, vous pouvez ensuite inscrire un ou deux numéros de téléphone où l'on peut vous joindre.

Votre signature manuscrite
Votre nom écrit en caractères d'imprimerie
Numéro de téléphone 1
Numéro de téléphone 2

Les pièces jointes

Sous votre nom en caractères d'imprimerie ou sous vos numéros de téléphone, vous devez écrire « p. j. » (en lettres minuscules), suivi des documents que vous joignez à votre lettre de présentation. De façon générale, seul le C.V. s'envoie avec la lettre de présentation à moins qu'on ne vous ait demandé (ou que vous ne jugiez nécessaire) d'y joindre des lettres de recommandation, une carte professionnelle, des diplômes, des cartes de compétences, un bulletin, etc.

p. j. Curriculum vitæ

Le corps de la lettre

Vous devez prendre note que les éléments énumérés ci-dessous comme pouvant faire partie du corps d'une lettre de présentation ne doivent pas forcément *tous* être utilisés. Certaines lettres peuvent comporter plusieurs exemples de réalisations professionnelles, une promesse de rappeler, une formule de remerciement et d'autres pas, comme vous le constaterez en consultant notre compilation de lettres.

Les composantes du présent chapitre vous sont offertes pour vous guider. Vous devez les utiliser selon vos besoins, vos expériences, vos aptitudes et vos qualités.

La disposition

Tout le monde n'est pas d'accord quant aux espacements entre les paragraphes. Doit-il y en avoir ou pas ? Nous croyons qu'un espace entre chaque paragraphe concourt à rendre la lettre plus aérée et, par conséquent, plus agréable à lire. Bien entendu, plus votre expérience est vaste, plus vos réalisations sont abondantes et plus les paragraphes seront nombreux, ce qui ne vous permettra peut-être pas de faire des espacements entre chacun de ceux-ci. Alors, à cet égard, agissez en fonction de la longueur de votre lettre.

L'introduction

L'introduction constitue le premier paragraphe ; elle doit fournir le but de votre lettre et mentionner qui vous êtes et quelle est votre situation. C'est dans l'introduction que vous devez indiquer : le poste pour lequel vous envoyez votre candidature ; la source de l'annonce ou le genre d'emploi sollicité ; et comment vous avez entendu parler de l'employeur s'il s'agit d'une candidature spontanée. Dans un cas comme dans l'autre, dites, en quelques mots, pourquoi vous vous intéressez à cette entreprise en particulier.

Si vous répondez à une annonce, portez une attention particulière à l'énoncé du poste et veillez à ce que les termes qui le composent soient bien ceux qui sont utilisés dans l'offre d'emploi. Par ailleurs, ne manquez pas de préciser où vous avez lu cette offre car certains employeurs font paraître plusieurs annonces, pour plusieurs postes différents, et ce, dans différents supports. Soyez donc précis. Vous devez indiquer le nom du journal ou de la revue avec sa date de parution ou son numéro, l'adresse du site Internet ou du babillard électronique, ou encore le nom de la personne qui vous a recommandé à cet employeur.

Vous pouvez également, dans l'introduction, mentionner un ou deux faits importants et pertinents vous concernant et concernant aussi, bien entendu, l'emploi sollicité. Si vous posez une candidature spontanée, donnez quelques précisions quant à vos objectifs professionnels. Voici deux exemples.

Infirmière diplômée [fait pertinent vous concernant], j'ai l'honneur de poser ma candidature au poste d'infirmière-chef [nom du poste] à la suite de l'annonce parue dans la revue *Santé* du 15 avril 2005 et concernant ce poste vacant à l'hôpital X [source]. Il me plairait vraiment de travailler dans cet hôpital dont la réputation en ce qui a trait aux soins palliatifs et à la compassion envers les patients n'est plus à faire [votre intérêt pour cette entreprise en particulier].

Ingénieur de 15 ans d'expérience [fait pertinent vous concernant], je me permets de vous faire parvenir mon curriculum vitæ car un poste au sein de votre entreprise répondrait tout à fait à mon objectif de carrière en recherche et développement [objectif professionnel]. J'ai découvert votre entreprise à la suite d'un article paru dans le *Journal de Montréal* du 15 avril 2005 concernant vos projets d'expansion dans la ville de Québec [comment vous avez entendu parler de l'entreprise] et il me plairait vraiment de mettre mes compétences à votre service.

Le développement

Le deuxième paragraphe (et parfois les troisième et quatrième) doit servir, essentiellement, à vous vendre et à décrire ce que vous avez à proposer.

Si vous répondez à une annonce et que celle-ci énumérait des exigences particulières, vous devez mettre en relief, de façon succincte, vos compétences, qualités, aptitudes et expériences qui correspondent à ces exigences particulières, et décrites plus en détail dans votre curriculum vitæ. En lisant votre lettre, l'employeur doit être persuadé que vous êtes la personne la plus qualifiée pour ce poste ; c'est vous qui devez l'en convaincre en jumelant vos compétences aux exigences de l'emploi par des exemples.

Vous pouvez commencer par énumérer vos titres les plus pertinents et étayer ceux-ci de quelques exemples parmi vos meilleures réalisations ou vos meilleurs résultats obtenus dans un emploi similaire. Il y a deux façons d'énumérer vos expériences. La première consiste à décrire une réalisation par paragraphes ; la seconde, de style télégraphique, procède en une liste de puces (•), les unes sous les autres. Cela dit, tout peut tenir en un seul paragraphe comme en nécessiter quatre ; il peut y avoir deux seules puces, comme il peut y en avoir cinq ou six.

Ne parlez pas encore de vos qualités personnelles, nous y reviendrons. Ce qui compte pour l'instant, ce sont vos expériences les plus pertinentes, vos réalisations importantes, vos habiletés particulières, vos réussites, bref, tout ce qui peut convaincre le destinataire de votre lettre que vous êtes certainement le meilleur candidat parce que votre profil correspond exactement à ce qu'il recherche.

Cette partie de la lettre de présentation est sans aucun doute la plus importante : c'est elle qui contribue le plus à éveiller l'intérêt du lecteur. Alors, évitez de tomber dans les banalités et les généralités de type « Je possède toutes les compétences nécessaires » ou encore « Mes expériences me qualifient, sans aucun doute, pour ce poste ». Si vous parlez de compétences ou d'expériences, donnez des exemples car aucun employeur n'est tenu de vous croire sur parole et, d'ailleurs, très peu le font.

Si vous posez votre candidature de façon spontanée, procédez de la même façon ; toutefois, comme vous n'avez aucune liste d'exigences à respecter, parlez de vos compétences et expériences selon ce qui vous paraît le plus judicieux en rapport avec l'entreprise à laquelle vous vous adressez.

Si vous n'avez aucune compétence particulière ni expérience opportune ou déterminante, parlez de vous, de vos expériences de vie, de vos réalisations ou réussites dans le domaine des arts ou des sports, des cours que vous avez suivis, des diplômes obtenus, de vos notes scolaires, de vos activités parascolaires, du bénévolat que vous effectuez, des qualités que vous avez développées dans différents emplois, etc. Cependant, soyez conséquent. Ce que vous décrirez doit avoir, minimalement, un lien avec l'emploi sollicité.

Une dernière mise en garde : ces paragraphes ne doivent pas être une copie de votre C.V. mais bien un bref, très bref, résumé de vos qualifications les plus pertinentes.

Si vous avez peu d'expérience, il se peut que toutes ces informations puissent tenir en un seul paragraphe et c'est très bien. Si vous avez beaucoup de réalisations à votre actif, condensez! N'oubliez pas que votre curriculum vitæ est là pour énumérer en détail tout ce que vous avez fait. Voici trois exemples.

En plusieurs paragraphes

À la lecture de mon C.V., vous pourrez constater que mon expérience est grande dans le domaine des télécommunications.

En tant que directeur du service technique de la compagnie ABC, et grâce à mon expertise, je suis arrivé à moderniser l'ensemble des équipements à un coût 35 % moindre que le coût moyen pour de telles transformations.

Au service de l'entreprise XYZ, j'ai conçu et implanté un nouveau système informatisé pour répondre aux nouvelles exigences des consommateurs.

En tant que consultant pour la firme américaine ZZZ, j'ai planifié et coordonné les opérations de…

De style télégraphique

À la lecture de mon C.V., vous pourrez constater que mon expérience est grande dans le domaine des télécommunications.

- Modernisation des équipements de la compagnie ABC à un coût plus que compétitif.

- Conception et implantation d'un nouveau système informatisé au sein de l'entreprise XYZ.

- Planification et coordination des opérations de…

En un seul paragraphe

Mon curriculum vitæ, ci-joint, vous informera quant à ma grande expérience dans le domaine des relations publiques et dans la direction des communications. Je crois que cette expérience ainsi que ma formation (que je mets à jour régulièrement) m'ont bien préparé pour assumer le rôle de directeur des relations publiques dans une société comme la vôtre. J'ai acquis mon expérience professionnelle dans l'industrie de la fabrication de produits étroitement liés aux vôtres. C'est pourquoi je crois posséder les aptitudes nécessaires pour faire face aux situations et aux problèmes auxquels votre service de relations publiques est confronté.

Dans le paragraphe suivant, et toujours faisant partie du développement, vous devez expliquer pourquoi vous êtes le candidat idéal. C'est ici que vous parlerez un peu de vos qualités personnelles comme l'autonomie, le dynamisme, la créativité, l'entregent, etc. Sans les éliminer totalement, évitez d'en faire une énumération exhaustive car c'est au cours de l'entrevue, si votre candidature est retenue, que vous aurez à discuter de tout cela avec l'employeur. Choisissez plutôt d'expliquer pourquoi votre choix s'est arrêté sur cette entreprise ; parlez de sa mission, de sa philosophie, de ses objectifs, de ses besoins ; du potentiel d'avancement qu'elle recèle, de son marché, de ses produits et services, de son développement, de son potentiel d'expansion, etc., et dites comment tout cela correspond à votre propre philosophie, à vos ambitions, et pourrait combler vos besoins. Expliquez comment vous pourriez mettre vos acquis au service de l'entreprise. En général, les employeurs aiment avoir un aperçu de vos motivations, savoir pourquoi vous avez choisi leur entreprise en particulier et de quelle nature sont les recherches que vous avez faites à leur sujet. Cependant, bannissez complètement la flatterie à laquelle peu d'employeurs sont sensibles. Certains d'entre eux éliminent même, sur-le-champ, les lettres de candidature qui comportent des formules de flatterie grossières comme « Je sais que votre entreprise sait rendre les employés heureux et souriants » ou encore qui sont parfaitement vides de sens comme « Il est entendu que votre entreprise a une bonne réputation ». Parlez plutôt de la manière qu'a l'entreprise de motiver ses travailleurs ou encore de son excellence en matière de produits et services.

> Étant très perfectionniste, j'ai toujours considéré [nom de l'entreprise] comme un modèle de qualité, et ce, dès mon premier achat chez vous. Cela s'est confirmé par la suite lorsque j'ai fait connaissance avec certains de vos représentants. C'est la raison pour laquelle je désirerais aujourd'hui m'associer à une entreprise comme la vôtre. Ce serait un honneur et un plaisir de la représenter.

> Je dois vous avouer que suis très heureux de travailler pour [nom de l'entreprise], l'entreprise qui m'emploie aujourd'hui. Toutefois, je ne vois aucune occasion, dans un proche avenir, d'y occuper un poste de direction (le directeur est jeune et très compétent). De plus, j'aimerais évoluer dans une grande entreprise où je pourrais assumer de plus importantes responsabilités et relever de nouveaux défis.

> Si je vous adresse ma candidature, c'est que je désire avant tout faire partie d'une entreprise qui offre des occasions d'avancement et dont le développement est en pleine expansion. Je suis convaincu que [nom de l'entreprise] pourrait bénéficier grandement de mon expertise en matière de [...] et que moi, en échange, je gagnerais en défis de tous genres.

La conclusion

La conclusion correspond à la fermeture de la lettre. Vous pouvez d'abord remercier le destinataire pour le temps consacré à la lecture de votre lettre ; ces remerciements, comme vous le verrez en consultant notre banque de lettres, sont facultatifs.

Ensuite, vous devez absolument (puisque c'est là le but de votre lettre) inviter l'employeur à passer à l'action, c'est-à-dire à communiquer avec vous, ou encore lui mentionner que vous communiquerez avec lui, sous peu, par téléphone ou par courriel. Cette relance téléphonique ne fait pas l'unanimité: les uns affirment qu'elle est facultative, alors que d'autres disent, au contraire, qu'elle est obligatoire. Faites selon votre choix et adaptez votre formule de conclusion en conséquence.

Vous pouvez enfin inclure vos disponibilités et nommer les pièces jointes à votre lettre de présentation si vous ne l'avez pas fait ailleurs dans la lettre.

Vous devez toujours être poli, courtois, positif et plein d'assurance. Ne soyez jamais hésitant, honteux, suppliant ni arrogant.

Si votre lettre est brève, votre conclusion devrait se souder à la salutation. Sinon, vous y consacrerez un paragraphe et formulerez vos salutations dans un autre.

Après la conclusion et les salutations, n'oubliez pas de signer et de noter la ou les pièces jointes.

Dans l'espoir que vous aurez l'amabilité de me fixer un rendez-vous afin que l'on puisse discuter plus longuement de mes compétences, veuillez agréer...

Pour toutes ces raisons, je serais heureux de vous rencontrer à vos bureaux lorsque cela vous conviendra. Si vous souhaitez me téléphoner, vous pouvez me joindre au [votre numéro de téléphone].

En attendant de recevoir de vos nouvelles, je (formule de salutation).

Le post-scriptum

Les lettres de présentation ne comportent généralement pas de post-scriptum, sauf si vous avez déjà un emploi et que vous ne voulez pas que votre candidature s'ébruite. Vous pouvez terminer votre lettre ainsi :

P.-S. – Comme j'ai actuellement un emploi, je vous prie de considérer ma demande comme strictement confidentielle.

À retenir

- Soignez votre vocabulaire; n'utilisez pas de mots imprécis comme «les choses», «les gens» ou «certaines affaires», mais spécifiez ce dont il s'agit.

- Utilisez des mots puissants, accrocheurs, et maintenez votre style et votre niveau de langage à ceux du vocabulaire professionnel d'affaires.

- Le ton de la lettre doit toujours être courtois et le vocabulaire utilisé ne doit pas être familier. Ne faites pas de phrases trop longues et employez des mots simples. Variez votre vocabulaire; évitez de répéter plus de deux fois le même mot.

- Certains verbes d'action gagnent à être remplacés par d'autres qui sont plus précis; c'est le cas, notamment, des verbes être, avoir, aller, dire ou mettre. Consultez l'annexe 2 «Lexique des idées par les mots», pour trouver le verbe le plus approprié au contexte de votre lettre.

- Relisez-vous plus d'une fois et, surtout, faites relire votre lettre par un membre de votre entourage, doué en français, afin de vous assurer qu'elle ne comporte ni fautes d'orthographe ni erreurs de syntaxe.

- Soyez positif dans vos énoncés; exprimez-vous avec conviction et confiance.

- Pour accroître vos chances, exprimez-vous au présent de l'indicatif.

- Adaptez votre lettre au destinataire, à son entreprise et aux besoins de l'emploi.

- Évoquez ce que *vous* pouvez apporter à l'entreprise, et non le contraire.

- Étayez vos affirmations par des exemples.

- N'inscrivez aucune référence ni sur votre lettre de présentation ni sur votre C.V. Écrivez simplement, sur ce dernier, « Références sur demande ».

- Si c'est le cas, dites que vous êtes prêt à déménager si l'emploi est à votre convenance.

- Si vous dites, dans la conclusion de votre lettre, que vous téléphonerez pour obtenir un rendez-vous pour une entrevue, faites-le! L'employeur n'attend peut-être que cela.

- Les lettres de présentation envoyées par Internet sont, pour le fond, les mêmes que celles qui sont envoyées par la poste; seul le mode d'acheminement est différent. Cependant, si votre lettre est envoyée par courriel, elle devra être plus condensée. Sinon, vous pouvez l'envoyer en document attaché (pièce jointe) en même temps que votre C.V. À cet égard, pour les fichiers joints, utilisez un format universel car le destinataire de votre lettre ne possède peut-être pas le dernier format de Word. En outre, évitez les documents trop lourds qui risquent de bloquer trop longtemps l'ordinateur du recruteur. Et puis, tout comme dans le cas du courrier traditionnel, restez sobre; évitez les GIF animés ou les liens internes multiples.

- Qu'elles aient été envoyées par la poste, télécopiées ou expédiées par courriel, conservez une copie de vos lettres de présentation en y inscrivant le nom du destinataire. Vous vous y référerez avant de vous présenter à une entrevue.

À éviter

- Ne tutoyez jamais le destinataire de votre lettre de présentation.

- Ne parlez jamais de conflits entre vous et votre employeur actuel ou précédent (même si vous aviez raison); évitez l'ironie et le sarcasme. Dans un cas comme dans l'autre, vous risquez de faire une très mauvaise impression et de voir votre candidature rejetée sur-le-champ.

- Évitez les clichés, les phrases vides de sens, les expressions négatives et les compliments à outrance.

- Évitez l'usage abusif du pronom « je ».

- Ne racontez pas votre vie et évitez les généralités; soyez direct, clair et bref.

- Ne mentez pas! Certaines personnes ont tendance à « gonfler » un peu leurs compétences. Avant d'agir ainsi, demandez-vous si votre supercherie peut être découverte après que vous aurez obtenu l'emploi. Si c'est le cas, limitez-vous à la vérité.

- Ne fournissez aucune information salariale concernant vos emplois passés, votre emploi actuel ou vos prétentions. Si on

35

vous demande de fournir ce type de renseignement, contentez-vous d'écrire «compétitif», «concurrentiel» ou «à négocier».

- À moins qu'on ne vous l'ait demandé expressément ou encore que votre emploi soit lié directement à votre apparence, ne joignez jamais de photo à votre lettre de présentation. Il semblerait que, dans plus de 50 % des cas, cela diminue considérablement les chances du candidat.

- N'envoyez pas la même lettre de présentation à plusieurs endroits, à moins que deux entreprises semblables n'offrent un emploi nécessitant les mêmes compétences et expériences. Dans ce cas, n'oubliez pas de changer la vedette. Peut-être que ce conseil vous semble superflu, mais on a vu, plus d'une fois, une même lettre être photocopiée intégralement et envoyée à différents destinataires avec toujours l'adresse d'une seule entreprise. Cette distraction vous coûterait sans doute toutes vos chances.

Deuxième partie

Modèles de lettres

Vous avez appris, dans la première partie, comment rédiger une lettre de présentation dans les formes requises, en respectant l'étiquette prévalant dans le monde des affaires.

Cependant, vous n'avez peut-être ni le temps ni l'envie de le faire vous-même; c'est pour cette raison que nous vous offrons 70 modèles de lettres de présentation dans lesquelles vous n'aurez qu'à compléter, en quelque sorte, les informations en les insérant à l'intérieur des crochets.

N'oubliez surtout pas de changer, chaque fois, le nom et l'adresse de l'entreprise à laquelle vous vous adressez, de compléter la formule d'appel, de faire disparaître tous les crochets et, s'il y a lieu, de féminiser les termes de la lettre.

Vous constaterez rapidement que tous nos modèles sont suffisamment passe-partout pour être facilement transformés sans difficulté de façon à répondre à vos besoins. Vous pouvez interchanger un ou plusieurs paragraphes d'une lettre avec celui ou ceux d'une autre lettre. Vous n'avez, en fait, qu'à ajouter les éléments qui vous semblent les plus adaptés à votre situation, en retenant la forme et le fond, tout en prenant soin d'éviter les fautes d'orthographe.

Les modèles de lettres que nous vous offrons sont de longueurs différentes. Vous pouvez, à votre guise, les rallonger ou les raccourcir en empruntant des paragraphes pertinents dans d'autres lettres ou en éliminant certains paragraphes qui ne correspondent pas à votre situation.

Dans la catégorie des « Lettres de présentation à la suite d'une rencontre, d'une conférence ou d'un autre événement », nous avons ajouté des introductions pour les lettres qui font suite à un appel téléphonique. Vous n'aurez alors qu'à trouver, parmi les autres lettres, un corps de lettre qui convient à vos qualifications.

En outre, en annexes, vous trouverez des suggestions pour remplacer certains mots des présentes lettres ainsi que de nombreuses formules de salutation. Ces annexes vous éviteront de parcourir toutes les pages du livre pour trouver un mot ou une formule qui convient à votre personnalité.

Vous verrez qu'avec un peu de pratique, le procédé est très simple et, qui sait, vous pourrez peut-être même aider un ami à rédiger ses propres lettres de présentation.

- Quand il s'agit de [nombre] ans d'expérience, écrivez ce nombre en chiffres ; quand il devra en être autrement, nous le préciserons.

- Lorsque nous parlons de [nom de l'entreprise], il s'agit du nom de l'entreprise à laquelle vous soumettez votre candidature.

Lettres de présentation
à la suite d'une annonce

Une offre d'emploi publiée dans un journal a attiré votre attention et vous souhaitez y répondre. Voici quelques exemples de lettres que vous pourrez utiliser.

[Vos prénom et nom de famille]
[Votre adresse postale]
[Ville (Province) Code postal]

[Date]

[Nom du destinataire]
[Son titre]
[Nom de la compagnie]
[Adresse postale]
[Ville (Province) Code postal]

Objet : [précisez]

[Formule d'appel],

Pour faire suite à votre annonce parue dans [nom de la publication et date de parution], j'ai l'honneur de poser ma candidature au poste de [précisez] dont les exigences correspondent parfaitement à mon profil professionnel.

Titulaire de [nom de votre diplôme principal, lié à l'emploi sollicité], je possède [nombre] ans d'expérience dans le domaine de [précisez]. Au sein de la compagnie [précisez votre ancien employeur], j'ai exercé plusieurs fonctions, notamment [précisez vos fonctions principales], et assumé de lourdes responsabilités en tant que [précisez]. Toutes ces expériences m'ont permis de développer [inscrivez ici les exigences liées à l'emploi et énumérées dans l'annonce].

Travailler pour vous et avec vous comblerait mes aspirations professionnelles, car il est de notoriété publique que [nom de l'entreprise] encourage les siens à caresser de grandes ambitions et offre la possibilité de les atteindre.

En vous remerciant à l'avance de l'attention que vous voudrez bien porter à cette lettre, je vous prie de croire, [formule d'appel], en mes sentiments les meilleurs.

[Signature manuscrite]
[Votre nom en caractères d'imprimerie]
[Votre numéro de téléphone]

p. j. Curriculum vitæ

[Vos prénom et nom de famille]
[Votre adresse postale]
[Ville (Province) Code postal]

[Date]

[Nom du destinataire]
[Son titre]
[Nom de la compagnie]
[Adresse postale]
[Ville (Province) Code postal]

Objet : [précisez]

[Formule d'appel],

C'est avec grand plaisir que je vous fais parvenir mon C.V. pour le poste de [précisez] dont l'annonce est parue dans [nom de la publication et date de parution]. Cet emploi représente pour moi l'occasion de mettre à profit mes compétences tout en acquérant de nouvelles expériences.

Ayant travaillé pendant [nombre] ans dans le [précisez le secteur ou le domaine], je suis conscient des enjeux [précisez : sociaux, culturels, financiers, organisationnels, économiques, politiques...] que comporte le poste offert, et ceux-ci aiguillonnent mes objectifs de progrès permanent.

Fort de mon expérience acquise au sein de [nommez une ou deux entreprises de même nature que celle où vous postulez maintenant, pour lesquelles vous avez travaillé] et dont le marché est similaire au vôtre, je sais être capable de satisfaire aux exigences de l'emploi.

- En [année], j'ai [décrivez brièvement une réalisation].
- En [année], j'ai [décrivez brièvement une réalisation].
- En [année], j'ai [décrivez brièvement une réalisation].

Je possède un bon réseau de relations d'affaires et, grâce à celles-ci, je bénéficie d'une grande visibilité, ce qui rend mon action efficace quant à [précisez: la distribution des produits, la promotion des services, la gestion des stocks, etc.].

J'aimerais beaucoup vous rencontrer afin de discuter avec vous de mes compétences, de mon sens de l'organisation et de mon leadership. À cet égard, pour me fixer un rendez-vous, vous pouvez me joindre au [inscrivez votre numéro de téléphone].

Dans l'attente de votre appel que je souhaite rapide, je vous prie de croire, [formule d'appel], en l'assurance de ma considération distinguée.

[Signature manuscrite]
[Votre nom en caractères d'imprimerie]

p. j. Curriculum vitæ

[Vos prénom et nom de famille]
[Votre adresse postale]
[Ville (Province) Code postal]

[Date]

[Nom du destinataire]
[Son titre]
[Nom de la compagnie]
[Adresse postale]
[Ville (Province) Code postal]

Objet : [précisez]

[Formule d'appel],

En consultant votre annonce parue dans [nom de la publication et date de parution], j'ai réalisé que je possède toutes les qualifications requises pour le poste de [précisez].

Ayant travaillé [nombre] ans pour une entreprise dont le marché est similaire au vôtre, je connais parfaitement bien les exigences reliées au poste et je peux vous assurer que je réponds à toutes celles-ci. Si je me permets de vous adresser mon curriculum vitæ, c'est que je crois véritablement que [nom de l'entreprise visée] pourrait tirer profit de mon expérience et de mes compétences.

De [année à année], OU
En [année], j'ai été [nommez un ou plusieurs postes que vous avez occupés] et je n'ai toujours reçu, de mes employeurs, que des louanges et de la reconnaissance.

Si vous estimez que je suis qualifié pour remplir les fonctions de [nom du poste] que vous proposez, je suis immédiatement disponible et je me tiens prêt à répondre à toute convocation de votre part.

Je vous remercie de bien vouloir considérer ma candidature et j'espère avoir de vos nouvelles très bientôt.

Recevez, [formule d'appel], mes plus respectueuses salutations.

[Signature manuscrite]
[Votre nom en caractères d'imprimerie]
[Votre numéro de téléphone]

p. j. Curriculum vitæ

[Vos prénom et nom de famille]
[Votre adresse postale]
[Ville (Province) Code postal]

[Date]

[Nom du destinataire]
[Son titre]
[Nom de la compagnie]
[Adresse postale]
[Ville (Province) Code postal]

Objet: [précisez]

[Formule d'appel],

Pour faire suite à votre annonce parue dans [nom de la publication et date de parution], j'ai l'honneur et le plaisir de me porter candidat au poste de [précisez].

Comme vous pourrez le constater en lisant mon C.V., je possède [nombre] ans d'expérience en [précisez] et [nombre] ans en [précisez]. J'ai également assumé pendant [nombre] ans la responsabilité de [précisez] pour (ou au sein de la compagnie) [nommez l'entreprise ou la compagnie]. Toutes ces expériences m'ont permis de développer plusieurs aptitudes telles que [précisez: le sens de l'initiative, l'adaptabilité, l'autonomie, le souci du détail, etc.] et d'élargir considérablement mes champs de compétences.

Faire partie de votre équipe constituerait pour moi une grande fierté. Je connais vos critères d'excellence et je vous assure que je saurai respecter vos règles strictes de courtoisie, de perfectionnisme et d'organisation.

Il me ferait grand plaisir de vous rencontrer afin de discuter de la manière dont mes qualifications pourraient être mises à contribution au sein de [nom de l'entreprise visée].

Vous pouvez me joindre en tout temps sur mon téléphone cellulaire et, à partir de 19 h, en semaine, à mon numéro résidentiel. En espérant recevoir sous peu une convocation à votre bureau, je vous prie de croire, [formule d'appel], à l'assurance de ma considération distinguée.

[Signature manuscrite]
[Votre nom en caractères d'imprimerie]
[Votre numéro de téléphone cellulaire]
[Votre numéro de téléphone résidentiel]

p. j. Curriculum vitæ

[Vos prénom et nom de famille]
[Votre adresse postale]
[Ville (Province) Code postal]

[Date]

[Nom du destinataire]
[Son titre]
[Nom de la compagnie]
[Adresse postale]
[Ville (Province) Code postal]

Objet: [précisez]

[Formule d'appel],

Je me permets de vous faire parvenir mon C.V. afin de poser ma candidature pour le poste de [précisez] offert dans [nom de la publication et date de parution].

Tel que vous le demandez dans votre annonce, je possède [précisez en utilisant les mêmes termes que ceux de l'annonce] et en supplément je vous offre également [nombre] ans d'expérience comme [précisez]. En parcourant mon curriculum vitæ, vous constaterez que j'ai une vaste connaissance de [précisez] et que je suis très polyvalent.

Si j'ai choisi de poser ma candidature chez vous, c'est parce que je sais, par mes recherches, que vous êtes innovateur dans le domaine de [précisez], que vous encouragez vos employés à exercer leur créativité, que vous êtes progressiste et en constante évolution et que toutes ces caractéristiques conviennent parfaitement à mes ambitions.

J'aimerais vraiment joindre vos rangs pour mettre à profit mon expérience tout en faisant partie d'une équipe dynamique et stimulante. Je demeure, bien entendu, disponible en tout temps pour une entrevue. Je communiquerai avec vous dans une semaine afin de prendre un rendez-vous.

Dans l'attente de vous rencontrer, je vous prie d'agréer, [formule d'appel], l'expression de mes sentiments les meilleurs.

[Signature manuscrite]
[Votre nom en caractères d'imprimerie]
[Votre numéro de téléphone]

p. j. Curriculum vitæ

[Vos prénom et nom de famille]
[Votre adresse postale]
[Ville (Province) Code postal]

[Date]

[Nom du destinataire]
[Son titre]
[Nom de la compagnie]
[Adresse postale]
[Ville (Province) Code postal]

Objet : [précisez]

[Formule d'appel],

Pour faire suite à votre annonce parue dans [nom de la publication et date de parution], je vous transmets ma candidature pour le poste de [précisez].

Tel que vous le demandez dans l'offre d'emploi, je possède [précisez les exigences de l'emploi en utilisant les mêmes termes que ceux de l'annonce]. En outre, j'ai une bonne connaissance de [précisez : la programmation, l'édition, la cuisine vietnamienne, etc.].

Vous recherchez une personne [énumérez quelques qualités requises par l'annonce] ; alors je crois que vous l'avez trouvée.

Le [domaine du travail : coiffure, vente, informatique, etc.] ne représente pas seulement un travail pour moi ; c'est une véritable passion qui m'anime même dans mes périodes de loisirs.

Pour tout ce qui précède, je vous prie de bien vouloir considérer ma candidature et d'accepter de me rencontrer. Je suis disponible en tout temps et vous pouvez me joindre au [votre numéro de téléphone] ou par courriel à l'adresse [votre adresse Internet].

Avec mes remerciements anticipés, je vous prie de croire, [formule d'appel], à mes sentiments les meilleurs.

[Signature manuscrite]
[Votre nom en caractères d'imprimerie]

p. j. Curriculum vitæ

[Vos prénom et nom de famille]
[Votre adresse postale]
[Ville (Province) Code postal]

[Date]

[Nom du destinataire]
[Son titre]
[Nom de la compagnie]
[Adresse postale]
[Ville (Province) Code postal]

Objet: [précisez]

[Formule d'appel],

Le nom de votre entreprise a retenu mon attention lorsque j'ai lu votre offre d'emploi dans [nom de la publication et date de parution] et c'est avec enthousiasme que je vous fais parvenir mon curriculum vitæ pour le poste de [précisez].

Titulaire de [nommez un ou plusieurs de vos diplômes], j'ai également été moi-même propriétaire pendant [nombre] ans d'une entreprise similaire à la vôtre. En conséquence, je connais toutes les exigences reliées à cet emploi et je sais être en mesure d'y répondre.

Comme vous pourrez le découvrir en lisant mon C.V., je possède de l'expérience en [précisez] et en [précisez]. L'occasion de travailler au sein de [nom de l'entreprise visée] reconnue pour son dynamisme et sa grande productivité constitue pour moi un défi grisant.

J'espère que mon curriculum vitæ saura éveiller votre intérêt et retenir votre attention, et que vous accepterez de me recevoir en entrevue. Lors de cette dernière, vous pourrez constater que je suis le candidat le plus apte à combler le poste de [précisez].

Assuré de mes compétences, je communiquerai avec vous dans une dizaine de jours afin d'obtenir la confirmation de notre rencontre. D'ici là, veuillez agréer, [formule d'appel], l'expression de mes sentiments distingués.

[Signature manuscrite]
[Votre nom en caractères d'imprimerie]
[Votre numéro de téléphone]

p. j. Curriculum vitæ

[Vos prénom et nom de famille]
[Votre adresse postale]
[Ville (Province) Code postal]

[Date]

[Nom du destinataire]
[Son titre]
[Nom de la compagnie]
[Adresse postale]
[Ville (Province) Code postal]

Objet : [précisez]

[Formule d'appel],

Votre annonce parue dans [nom de la publication et date de parution] a suscité mon intérêt et, à cet égard, je vous fais parvenir mon curriculum vitæ.

Je sais que [nom de l'entreprise visée] favorise l'excellence dans tous ses secteurs d'activité et exige de ses employés une loyauté indéfectible. J'adhère personnellement à toutes ces exigences et je sais être en mesure de les remplir. Mes anciens employeurs de [nom de l'entreprise], avec qui je suis resté en très bons termes, pourront vous confirmer que je possède une solide expérience et toutes les compétences requises pour le poste de [précisez].

- En tant que [titre] chez [nom de l'entreprise], j'ai [décrivez une réalisation] ;

- En [année], au service de [nom de l'entreprise], j'ai [décrivez une réalisation] ;

- De [année à année], à mon compte, j'ai [précisez].

Comme vous pourrez le constater à la lecture de mon C.V., mon parcours professionnel me mène directement à votre entreprise.

Il me ferait vraiment plaisir de vous rencontrer afin de vous démontrer comment mon expérience dans le domaine [précisez] est en parfait accord avec vos besoins.

En souhaitant que vous m'accorderez une entrevue rapidement, je vous prie de recevoir, [formule d'appel], l'expression de mes salutations distinguées.

[Signature manuscrite]
[Votre nom en caractères d'imprimerie]
[Votre numéro de téléphone]

p. j. Curriculum vitæ

[Vos prénom et nom de famille]
[Votre adresse postale]
[Ville (Province) Code postal]

[Date]

[Nom du destinataire]
[Son titre]
[Nom de la compagnie]
[Adresse postale]
[Ville (Province) Code postal]

Objet : [précisez]

[Formule d'appel],

Votre annonce parue dans [nom de la publication et date de parution] a retenu mon attention, car le poste de [précisez] correspond exactement à ce que je recherche.

Mon expérience en tant que professionnel de [précisez] m'a bien préparé à relever des défis de tous genres, aussi imprévus soient-ils. Je sais que le poste de [précisez] en comporte de nombreux et ce serait pour moi un honneur et une grande fierté que de mettre mes compétences à contribution pour les affronter.

Par le passé, j'ai, notamment, [décrivez votre plus grande réalisation], mais la lecture de mon C.V. ci-joint vous en apprendra bien davantage sur mon expérience.

Si vous êtes intéressé à rencontrer une personne véritablement motivée, faites-moi signe s'il vous plaît. Il me ferait plaisir de partager avec vous mon enthousiasme et ma conviction que [nom de l'entreprise visée] pourrait tirer de grands avantages de notre collaboration.

En attendant d'avoir de vos nouvelles, je vous prie de croire, [formule d'appel], en l'expression de mes sentiments les meilleurs.

[Signature manuscrite]
[Votre nom en caractères d'imprimerie]
[Votre numéro de téléphone]

p. j. Curriculum vitæ

[Vos prénom et nom de famille]
[Votre adresse postale]
[Ville (Province) Code postal]

[Date]

[Nom du destinataire]
[Son titre]
[Nom de la compagnie]
[Adresse postale]
[Ville (Province) Code postal]

Objet: [précisez]

[Formule d'appel],

C'est en lisant votre annonce parue dans [nom de la publication et date de parution] que j'ai appris que vous recherchiez un [nom du poste] qui puisse [nommez quelques exigences énumérées dans l'annonce]. Mon expérience au sein de [nom d'une entreprise pour laquelle vous avez travaillé] m'a permis de parfaire mes compétences en [secteur d'activité] et je crois qu'en conséquence, je suis le candidat idéal pour combler le poste vacant.

En parcourant mon C.V. ci-joint, vous remarquerez que je possède une double formation de [nommez une compétence] et de [nommez la seconde compétence] et que mon profil correspond parfaitement à vos critères d'embauche.

Comme il m'est plutôt difficile de parler de moi dans une lettre, je vous propose que l'on se rencontre afin que je puisse vous exposer de vive voix mes aptitudes et mes ambitions.

En espérant que vous me fixerez un rendez-vous rapidement, je vous prie de croire, [formule d'appel], en mes sentiments les meilleurs.

[Signature manuscrite]
[Votre nom en caractères d'imprimerie]
[Votre numéro de téléphone]

p. j. Curriculum vitæ

[Vos prénom et nom de famille]
[Votre adresse postale]
[Ville (Province) Code postal]

[Date]

[Nom du destinataire]
[Son titre]
[Nom de la compagnie]
[Adresse postale]
[Ville (Province) Code postal]

Objet: [précisez]

[Formule d'appel],

Pour faire suite à votre offre parue dans [nom de la publication et date de parution], il me fait plaisir de vous soumettre ma candidature au poste de [précisez]. J'espère que mon curriculum vitæ ci-joint saura éveiller votre intérêt.

Mon expérience dans le secteur [précisez: de la vente, de l'enseignement, du journalisme, de la menuiserie, etc.], acquise dans des entreprises variées, notamment chez [nommez la plus importante], m'a permis de développer une grande rigueur professionnelle et une excellente faculté d'adaptation.

Bien sûr, vous serez renseigné sur mes diplômes, mes compétences et mes réalisations en consultant mon C.V., mais suis-je vraiment la personne que vous recherchez pour combler le poste de [précisez]? Pour le savoir, il vous suffit de communiquer avec moi au [inscrivez votre numéro de téléphone] pour me fixer un rendez-vous. Mieux que toutes les lettres, un entretien pourra vous convaincre de mes qualités, de ma motivation et de ma détermination.

En vous remerciant de bien vouloir considérer sérieusement ma candidature, je vous prie de croire, [formule d'appel], en l'assurance de ma considération distinguée.

[Signature manuscrite]
[Votre nom en caractères d'imprimerie]

p. j. Curriculum vitæ

[Vos prénom et nom de famille]
[Votre adresse postale]
[Ville (Province) Code postal]

[Date]

[Nom du destinataire]
[Son titre]
[Nom de la compagnie]
[Adresse postale]
[Ville (Province) Code postal]

Objet : [précisez]

[Formule d'appel],

Par la présente, je désire poser ma candidature pour le poste de [précisez] que vous offrez dans [nom de la publication et date de parution].

Votre offre d'emploi mentionne qu'une formation en [précisez] serait souhaitable et je possède cette formation. En outre, j'ai [nombre] ans d'expérience en [précisez] et [nombre] autres années en [précisez].

Vous trouverez le détail de mes qualifications et de mes réalisations dans mon curriculum vitæ ci-joint, mais je voudrais surtout vous exprimer toute ma passion pour le domaine [précisez le domaine d'activité], et [nom de l'entreprise visée] me semble l'entreprise idéale pour assouvir cette passion.

Je me permets donc de solliciter une entrevue car j'aimerais vous exposer ma philosophie de [précisez le domaine] et tenter de vous convaincre que je possède toutes les qualités personnelles et aptitudes professionnelles requises pour combler, avec efficacité, le poste de [précisez].

Je vous remercie du temps que vous aurez consacré à me lire et j'espère avoir bientôt de vos nouvelles. En attendant votre appel, je vous prie de recevoir, [formule d'appel], mes respectueuses salutations.

[Signature manuscrite]
[Votre nom en caractères d'imprimerie]
[Votre numéro de téléphone]

p. j. Curriculum vitæ

[Vos prénom et nom de famille]
[Votre adresse postale]
[Ville (Province) Code postal]

[Date]

[Nom du destinataire]
[Son titre]
[Nom de la compagnie]
[Adresse postale]
[Ville (Province) Code postal]

Objet : [précisez]

[Formule d'appel],

Pour faire suite à votre offre d'emploi parue dans [nom de la publication et date de parution], je pose ma candidature au poste de [précisez]. Cette offre est en tous points conforme à mes aspirations et j'espère que vous aurez l'obligeance d'étudier ma candidature.

• Vous cherchez une personne avec [nombre] ans d'expérience ? Je les ai. OU J'en ai [nombre].

• Vous voulez que cette personne soit [nommez une exigence importante de l'emploi] ? Je le suis.

• Une formation en [précisez] est souhaitable ? J'ai cette formation.

Au cours des [nombre] dernières années, j'ai, notamment :

• [Décrivez brièvement une réalisation] ;

• [Décrivez brièvement une réalisation] ;

• [Décrivez brièvement une réalisation].

La lecture de mon C.V. ci-joint vous en apprendra bien davantage, mais seule une rencontre vous permettra d'évaluer mon potentiel et mes qualités personnelles.

C'est avec beaucoup de confiance que j'attends votre appel téléphonique pour me fixer un rendez-vous. Vous pouvez également me joindre par courriel à l'adresse ci-dessous. Je vous remercie à l'avance et vous prie d'agréer, [formule d'appel], mes plus sincères salutations.

[Signature manuscrite]
[Votre nom en caractères d'imprimerie]
[Votre numéro de téléphone]
[Votre adresse de courriel]

p. j. Curriculum vitæ

[Vos prénom et nom de famille]
[Votre adresse postale]
[Ville (Province) Code postal]

[Date]

[Nom du destinataire]
[Son titre]
[Nom de la compagnie]
[Adresse postale]
[Ville (Province) Code postal]

Objet : [précisez]

[Formule d'appel],

J'ai relevé avec intérêt l'annonce parue dans [nom de la publication et date de parution] concernant le poste de [précisez] à combler dans votre entreprise. Vous pourrez constater, en prenant connaissance de mon curriculum vitæ ci-joint, que ce poste correspond parfaitement à mes qualifications.

Titulaire d'un [nommez votre diplôme], je possède [nombre] ans d'expérience comme [nommez une fonction que vous avez occupée au cours de ces années] et [nombre] ans comme [nommez une autre fonction]. Ayant eu, à plusieurs reprises, à faire face à des problèmes imprévisibles et à endosser d'importantes responsabilités, j'ai développé un sens aigu du devoir et de l'organisation. Je sais prendre des décisions rapides et efficaces et relever des défis de tous genres.

Le fait de travailler chez vous me permettrait d'enrichir davantage mon savoir-faire et de contribuer avec dynamisme au développement de votre entreprise.

J'aimerais beaucoup vous rencontrer afin de vous exposer plus en détail mes motivations et mes ambitions. À cet égard, je me tiens à votre entière disposition et vous prie de croire, [formule d'appel], à l'expression de mes sentiments respectueux.

[Signature manuscrite]
[Votre nom en caractères d'imprimerie]
[Votre numéro de téléphone]

p. j. Curriculum vitæ

[Vos prénom et nom de famille]
[Votre adresse postale]
[Ville (Province) Code postal]

[Date]

[Nom du destinataire]
[Son titre]
[Nom de la compagnie]
[Adresse postale]
[Ville (Province) Code postal]

Objet: [précisez]

[Formule d'appel],

Parce que le secteur de [précisez] correspond à mes ambitions professionnelles, je me permets de vous adresser mon C.V. à la suite de l'annonce parue dans [nom de la publication et date de parution] relativement au poste de [précisez].

Je détiens [précisez votre diplôme] en [précisez] et [nommez un autre diplôme, certificat, attestation] en [précisez]. En outre, je possède [nombre] ans d'expérience comme [précisez] chez [nom de l'entreprise] où j'ai eu l'occasion de [précisez une activité ou une réalisation professionnelle importante].

Travailler chez vous constituerait la suite logique de mon itinéraire professionnel. Je sais que vous encouragez vivement vos employés à parfaire sans cesse leur formation et, à cet égard, je suis partant car j'aime être à l'avant-garde de tout ce qui se passe dans le domaine [précisez].

Je vous remercie à l'avance du temps que vous avez consacré à me lire et je me tiens à votre entière disposition pour vous rencontrer et vous donner de plus amples informations sur tous les points que vous jugerez utiles.

Dans cette attente, je vous prie de croire, [formule d'appel], en l'assurance de ma considération distinguée.

[Signature manuscrite]
[Votre nom en caractères d'imprimerie]
[Votre numéro de téléphone]

p. j. Curriculum vitæ

[Vos prénom et nom de famille]
[Votre adresse postale]
[Ville (Province) Code postal]

[Date]

[Nom du destinataire]
[Son titre]
[Nom de la compagnie]
[Adresse postale]
[Ville (Province) Code postal]

Objet : [précisez]

[Formule d'appel],

Je joins à cette lettre mon curriculum vitæ afin que vous puissiez juger de ma compétence pour le poste de [précisez] offert dans [nom de la publication et date de parution].

Titulaire d'un [précisez le diplôme], je possède [nombre] ans d'expérience en [précisez], en [précisez] et en [précisez]. J'ai également assumé la responsabilité [précisez : d'un centre d'information, d'un réseau de distribution, d'une équipe de recherche, etc.], ce qui m'a permis d'accroître notablement mon leadership ainsi que mon sens de l'initiative et de l'organisation.

J'aimerais joindre les rangs de votre équipe en tant que [nom du poste convoité], car cela me permettrait de mettre mes compétences à profit tout en les élargissant à votre contact.

Je sollicite donc le privilège d'une entrevue au cours de laquelle vous pourrez constater mon enthousiasme, mon sérieux et ma grande détermination.

En vous remerciant à l'avance de l'attention que vous voudrez bien porter à cette lettre, je vous prie d'agréer, [formule d'appel], l'expression de ma considération distinguée.

[Signature manuscrite]
[Votre nom en caractères d'imprimerie]
[Votre numéro de téléphone]

p. j. Curriculum vitæ

[Vos prénom et nom de famille]
[Votre adresse postale]
[Ville (Province) Code postal]

[Date]

[Nom du destinataire]
[Son titre]
[Nom de la compagnie]
[Adresse postale]
[Ville (Province) Code postal]

Objet: [précisez]

[Formule d'appel],

J'aimerais, par la présente, vous manifester mon vif intérêt relativement à votre annonce parue dans [nom de la publication et date de parution] et concernant un poste de [précisez].

Comme vous pourrez le constater dans mon curriculum vitæ, je suis titulaire d'un [précisez votre diplôme] et je possède [nombre] ans d'expérience dans [précisez le domaine d'activité].

J'aimerais beaucoup mettre mon énergie, mon talent et mon expérience au service de [nom de l'entreprise visée], car la réputation de chef de file de votre entreprise vous précède et m'enthousiasme.

Doté d'un grand sens de l'initiative et d'un jugement sûr, je possède également une excellente capacité pour travailler [précisez: en équipe, en solitaire].

Le temps que vous m'accorderez pour une entrevue ne sera pas du temps perdu, car je l'emploierai à vous convaincre, preuves à l'appui, que je suis le candidat idéal pour le poste de [précisez le poste convoité].

Dans l'attente de votre appel pour me fixer un rendez-vous, je vous prie de croire, [formule d'appel], en l'assurance de ma considération distinguée.

[Signature manuscrite]
[Votre nom en caractères d'imprimerie]
[Votre numéro de téléphone]

p. j. Curriculum vitæ

Vous êtes diplômé mais sans expérience.

[Vos prénom et nom de famille]
[Votre adresse postale]
[Ville (Province) Code postal]

[Date]

[Nom du destinataire]
[Son titre]
[Nom de la compagnie]
[Adresse postale]
[Ville (Province) Code postal]

Objet: [précisez]

[Formule d'appel],

Je vous envoie mon curriculum vitæ à la suite de votre offre pour le poste de [précisez] affiché dans [nom de la publication et date de parution].

Diplômé de [précisez le nom de l'institution qui a émis votre diplôme], je possède [certificat, baccalauréat, maîtrise, doctorat] en [précisez] et j'aimerais vraiment me joindre à votre équipe afin de pouvoir mettre en pratique les compétences que j'ai acquises.

Au cours de mes [nombre] années d'études, mes professeurs ont tous et toujours loué ma maturité, mon enthousiasme, ma détermination et ma soif d'apprendre. Je considérerais comme un honneur si vous acceptiez de me laisser faire partie de votre liste d'employés.

Par la présente, je sollicite la faveur d'une entrevue, car j'aimerais vous faire partager mon dynamisme et mon réel désir d'occuper le poste de [précisez].

Dans l'espoir d'une réponse favorable, je vous prie d'agréer, [formule d'appel], l'expression de mes sentiments les meilleurs.

[Signature manuscrite]
[Votre nom en caractères d'imprimerie]
[Votre numéro de téléphone]

p. j. Curriculum vitæ

Vous êtes diplômé mais sans expérience.

[Vos prénom et nom de famille]
[Votre adresse postale]
[Ville (Province) Code postal]

[Date]

[Nom du destinataire]
[Son titre]
[Nom de la compagnie]
[Adresse postale]
[Ville (Province) Code postal]

Objet : [précisez]

[Formule d'appel],

C'est avec un grand intérêt que j'ai pris connaissance de votre offre d'emploi pour le poste de [précisez] parue dans [nom de la publication et date de parution].

Je possède un diplôme [précisez : d'études professionnelles, collégiales, universitaires] en [précisez], et l'emploi que vous proposez correspond tout à fait à mes objectifs de carrière.

Comme je viens tout juste de terminer ma formation, je n'ai aucune réalisation concrète à vous présenter ni aucune expérience de travail relativement à mon titre tout récent. Cependant, je peux vous assurer que le domaine [précisez] est ma véritable voie et une réelle passion pour moi.

En outre, au cours de mes études, j'ai occupé quelques emplois qui m'ont permis de me familiariser avec le monde du travail et d'acquérir quelques compétences en matière de [précisez : leadership, respect du temps alloué pour une tâche, ponctualité, flexibilité, disponibilité, etc.].

Je joins à mon C.V. un relevé de notes dans lequel vous pourrez constater que j'ai réussi ma formation haut la main et que je possède un bagage intéressant même s'il est, pour l'instant, plus théorique que pratique.

J'espère ardemment que vous aurez un coup de cœur pour la candidature de ce novice extrêmement motivé et dynamique que je suis et que vous accepterez de me rencontrer en entrevue.

En attendant de recevoir de vos nouvelles, je vous prie d'agréer, [formule d'appel], l'expression de mes sentiments les meilleurs.

[Signature manuscrite]
[Votre nom en caractères d'imprimerie]
[Votre numéro de téléphone]

p. j. Curriculum vitæ
      Relevé de notes

Vous êtes diplômé, sans expérience, mais vous avez fait un stage en entreprise.

[Vos prénom et nom de famille]
[Votre adresse postale]
[Ville (Province) Code postal]

[Date]

[Nom du destinataire]
[Son titre]
[Nom de la compagnie]
[Adresse postale]
[Ville (Province) Code postal]

Objet: [précisez]

[Formule d'appel],

Vous trouverez ci-joint mon curriculum vitæ en réponse à votre offre d'emploi parue dans [nom de la publication et date de parution].

Je possède un diplôme [précisez: d'études professionnelles, collégiales, universitaires] en [précisez], et l'emploi que vous proposez correspond tout à fait à mes objectifs de carrière.

Comme je viens tout juste de terminer ma formation, je n'ai aucune réalisation concrète à vous présenter. Cependant, j'ai effectué un stage de [précisez la durée] chez [précisez le nom de l'entreprise] et, à cet égard, je joins à mon C.V. un formulaire d'appréciation rempli par mon employeur de stage. Je suis convaincu que le domaine [précisez] constitue véritablement ma voie et j'aimerais bien que vous m'accordiez l'occasion de faire mes preuves.

Au cours de mes études, j'ai occupé quelques emplois qui m'ont permis de me familiariser avec le monde du travail et d'acquérir quelques compétences en matière de [précisez : leadership, respect du temps alloué pour une tâche, ponctualité, flexibilité, disponibilité, etc.].

J'espère ardemment que vous aurez un coup de cœur pour la candidature de ce novice extrêmement motivé et dynamique que je suis et que vous accepterez de me rencontrer en entrevue.

En attendant de recevoir de vos nouvelles, je vous prie d'agréer, [formule d'appel], l'expression de mes sentiments les meilleurs.

[Signature manuscrite]
[Votre nom en caractères d'imprimerie]
[Votre numéro de téléphone]

p. j. Curriculum vitæ
        Formulaire d'appréciation

Lettres de présentation spontanée

La lettre de présentation spontanée est celle que vous envoyez à un éventuel employeur sans répondre à une annonce et sans même savoir si l'entreprise est à la recherche de personnel. Cette lettre est très certainement la plus difficile à rédiger, car elle ne peut s'appuyer sur aucune exigence en particulier comme c'est le cas dans une lettre de présentation à la suite d'une offre d'emploi parue dans un journal.

Avant de rédiger votre lettre, vous devez d'abord rassembler un maximum d'informations sur l'entreprise elle-même, sa place dans le marché, ses produits et services et, surtout, ses besoins et ses problématiques. Tous ces éléments vous permettront d'adapter votre texte aux exigences de l'entreprise. Bien entendu, vous devez aussi trouver le nom du responsable du recrutement.

Tout comme pour les autres types de lettres de présentation, l'objet de la lettre n'est pas indispensable. Cependant, si vous décidez d'utiliser cette option, évitez à tout prix d'y inscrire « candidature spontanée », car il semblerait que cette mention puisse à elle seule vous faire perdre toutes vos chances d'être lu. Choisissez donc plutôt une phrase accrocheuse qui peut porter sur une publicité, un article de presse, un kiosque dans une exposition, une émission de radio, une recommandation, etc.

[Vos prénom et nom de famille]
[Votre adresse postale]
[Ville (Province) Code postal]

[Date]

[Nom du destinataire]
[Son titre]
[Nom de la compagnie]
[Adresse postale]
[Ville (Province) Code postal]

Objet : [précisez]

[Formule d'appel],

En naviguant dans Internet, je suis arrivé, par un heureux hasard, sur le site de votre entreprise. J'ai été vraiment épaté de constater votre constante évolution et je me permets de vous offrir mes services comme (nom du poste convoité).

Bien entendu, si ce poste n'est pas libre, je serais tout de même heureux d'en occuper un autre dans lequel mes compétences, énumérées dans mon curriculum vitæ ci-joint, pourraient être mises à contribution. Je souhaite véritablement me joindre à votre équipe dynamique et vous faire profiter de mes [nombre d'années] d'expérience en [domaine ou secteur d'activité].

Au fil des ans et au service de quelque [nombre d'entreprises pour lesquelles vous avez travaillé], j'ai réalisé bon nombre de projets qui m'ont valu la reconnaissance de mes employeurs dont, notamment, [précisez ici quelques projets réussis].

Je me permettrai de vous téléphoner dans une semaine dans l'espoir que vous accepterez de m'accorder une entrevue. Dans le cas où vous aimeriez me joindre, vous pouvez le faire tous les jours de la semaine à partir de [précisez l'heure] et toutes les fins de semaine.

En vous priant de bien vouloir prendre ma candidature en considération, je vous prie de croire, [formule d'appel], à l'assurance de ma considération distinguée.

[Signature manuscrite]
[Votre nom en caractères d'imprimerie]
[Votre numéro de téléphone]

p. j. Curriculum vitæ

[Vos prénom et nom de famille]
[Votre adresse postale]
[Ville (Province) Code postal]

[Date]

[Nom du destinataire]
[Son titre]
[Nom de la compagnie]
[Adresse postale]
[Ville (Province) Code postal]

Objet: [précisez]

[Formule d'appel],

La semaine dernière, en parcourant la revue (ou le journal) [nom de la publication et date de parution], j'ai pris connaissance des projets d'expansion de [nom de l'entreprise visée] et cela m'a vivement intéressé. Parce que je crois sincèrement que je pourrais participer de façon très bénéfique à vos projets d'agrandissement, je me permets de vous offrir mes services.

Je suis actuellement [précisez votre titre actuel] au sein de [nom de l'entreprise pour laquelle vous travaillez]. Je m'occupe plus particulièrement de [précisez], mais je participe également à [précisez]. Au cours des dernières années, j'ai [énumérez briè-vement quelques-unes de vos réalisations] et je suis plutôt fier de ces réalisations. Cependant, je crois avoir fait le tour de toutes les possibilités qui pourraient m'être offertes dans la hiérarchie de cette compagnie.

Pour m'accomplir pleinement, j'ai besoin de défis constants et je crois que vos projets actuels en contiennent de très grands. Je suis persuadé que [nom de l'entreprise] n'aura jamais à regret-ter de m'avoir donné l'occasion de démontrer mes capacités.

Mon curriculum vitæ ci-joint vous renseignera sur mon expérience et mes compétences. À la suite de sa lecture, j'espère vivement que vous me donnerez l'occasion de vous prouver mon dynamisme et ma conscience professionnelle en m'accordant une entrevue.

Dans l'espoir de vous rencontrer bientôt, je vous prie de croire, [formule d'appel], à l'assurance de ma considération distinguée.

[Signature manuscrite]
[Votre nom en caractères d'imprimerie]
[Votre numéro de téléphone]

p. j. Curriculum vitæ

[Vos prénom et nom de famille]
[Votre adresse postale]
[Ville (Province) Code postal]

[Date]

[Nom du destinataire]
[Son titre]
[Nom de la compagnie]
[Adresse postale]
[Ville (Province) Code postal]

Objet: [précisez]

[Formule d'appel],

J'ai lu et j'ai entendu dire que votre entreprise faisait confiance aux gens d'expérience. Je me permets alors de vous envoyer mon curriculum vitæ afin que vous puissiez prendre connaissance de mon parcours professionnel qui a commencé il y a [nombre] ans.

Après l'avoir lu, j'espère que vous éprouverez l'envie de me faire une place dans vos rangs. Si on me donnait le choix, j'opterais pour un poste de [précisez], mais comme j'ai plusieurs cordes à mon arc, un poste de [précisez] ou de [précisez] me conviendrait tout aussi bien.

Je souhaiterais avoir la possibilité de discuter avec vous, de la manière dont vous pourriez utiliser mes compétences et mes diverses qualifications. À cet égard, je demeure à votre entière disposition. Vous pouvez, à votre convenance, me téléphoner ou me joindre par courrier électronique.

En attendant d'avoir de vos nouvelles, je vous prie d'agréer, [formule d'appel], mes salutations distinguées.

[Signature manuscrite]
[Votre nom en caractères d'imprimerie]
[Votre numéro de téléphone]
[Votre adresse de courrier électronique]

p. j. Curriculum vitæ

[Vos prénom et nom de famille]
[Votre adresse postale]
[Ville (Province) Code postal]

[Date]

[Nom du destinataire]
[Son titre]
[Nom de la compagnie]
[Adresse postale]
[Ville (Province) Code postal]

Objet : [précisez]

[Formule d'appel],

Bien que je sache, pour l'instant, que vous n'avez peut-être aucun poste de [précisez] à combler, j'ai décidé de vous écrire quand même car je pense posséder le profil requis pour faire partie de votre équipe.

Comme vous pourrez le constater en lisant mon curriculum vitæ ci-joint, je suis spécialisé en [précisez] ; j'ai également acquis des compétences en [précisez] et en [précisez]. En conséquence, je serais disposé à accepter n'importe quel poste où l'une ou l'autre de mes qualifications pourrait être mise à profit.

Si j'ai le désir de travailler pour [nom de l'entreprise], c'est que, au cours de mes nombreuses lectures et de mes heures de navigation dans Internet, j'ai pu apprécier tout le dynamisme et toute la vigueur que met votre entreprise à percer le marché et à surpasser ses compétiteurs. J'aime la compétition et les défis ne me font pas peur. Je suis prêt à relever celui de vous rencontrer afin de vous exprimer, en personne, mon vif désir de faire partie de votre personnel.

J'attends donc votre appel avec beaucoup d'impatience. Je vous remercie de l'attention que vous aurez accordée à ma lettre et je vous prie de croire, [formule d'appel], en l'assurance de ma considération distinguée.

[Signature manuscrite]
[Votre nom en caractères d'imprimerie]
[Votre numéro de téléphone]
[Votre adresse de courrier électronique]

p. j. Curriculum vitæ

[Vos prénom et nom de famille]
[Votre adresse postale]
[Ville (Province) Code postal]

[Date]

[Nom du destinataire]
[Son titre]
[Nom de la compagnie]
[Adresse postale]
[Ville (Province) Code postal]

Objet : [précisez]

[Formule d'appel],

Parce que j'ai souvent lu des articles flatteurs et vu des reportages à la télévision concernant [nom de l'entreprise visée] et que vous êtes véritablement le type d'entreprise que je recherche pour m'épanouir pleinement dans ma vie professionnelle, je vous demande de bien vouloir étudier ma candidature pour un poste de [précisez].

Titulaire d'un [précisez le diplôme] en [précisez], je maîtrise parfaitement [précisez : telle technique, tel matériel, tel logiciel, etc.] et je suis capable d'endosser, sans m'écrouler sous leur poids, de lourdes responsabilités.

Mon curriculum vitæ ci-joint vous précisera mes champs de compétence et mes années d'expérience. Cependant, il ne vous en dira guère sur ma personnalité, sur mes capacités à bien communiquer ni sur mon enthousiasme à l'idée de travailler pour et avec vous. Tout cela, vous pourrez cependant le découvrir vous-même si vous acceptez de me recevoir en entrevue.

Je communiquerai avec vous d'ici dix jours afin que l'on puisse se fixer un rendez-vous et voir de quelle façon chacun peut être utile et rentable pour l'autre.

Veuillez agréer, [formule d'appel], l'expression de mon sincère dévouement.

[Signature manuscrite]
[Votre nom en caractères d'imprimerie]
[Votre numéro de téléphone]

p. j. Curriculum vitæ

[Vos prénom et nom de famille]
[Votre adresse postale]
[Ville (Province) Code postal]

[Date]

[Nom du destinataire]
[Son titre]
[Nom de la compagnie]
[Adresse postale]
[Ville (Province) Code postal]

Objet : [précisez]

[Formule d'appel],

Par la présente, je me permets de vous soumettre ma candidature à un poste de [précisez] ou à un autre poste que vous jugerez convenir à la fois à vos besoins et à mes compétences.

En parcourant mon curriculum vitæ ci-joint, vous pourrez constater que je possède [nombre] ans d'expérience dans le domaine de [précisez]. Au fil des ans, j'ai réalisé beaucoup de choses, dont :

• [Décrivez brièvement une réalisation] ;

• [Décrivez brièvement une réalisation] ;

• [Décrivez brièvement une réalisation].

Si j'ai opté pour votre entreprise, c'est d'abord et avant tout pour sa notoriété, la qualité de ses services (que j'ai appréciée moi-même en tant que client), son succès sans cesse grandissant et ses nombreux projets de développement. J'aimerais faire partie de votre équipe et je crois que la lecture de mon C.V. saura vous convaincre que je possède les qualifications nécessaires.

Totalement libre et disponible, j'attends avec impatience le rendez-vous que vous voudrez bien me fixer, à la date qui vous conviendra. En attendant, je vous prie d'agréer, [formule d'appel], l'assurance de mes sentiments dévoués.

[Signature manuscrite]
[Votre nom en caractères d'imprimerie]
[Votre numéro de téléphone]

p. j. Curriculum vitæ

[Vos prénom et nom de famille]
[Votre adresse postale]
[Ville (Province) Code postal]

[Date]

[Nom du destinataire]
[Son titre]
[Nom de la compagnie]
[Adresse postale]
[Ville (Province) Code postal]

Objet : [précisez]

[Formule d'appel],

Je vous écris dans l'espoir que vous recherchiez un candidat pour un poste de [précisez]. Je suis [précisez votre spécialité] et je recherche une entreprise au sein de laquelle je pourrais exercer mes compétences. À cet égard, je joins à la présente mon curriculum vitæ.

Victime de mises à pied massives chez [nom de l'entreprise], je suis sans emploi depuis [précisez]. D'un naturel dynamique et habité par une puissante énergie, j'ai besoin de trouver un emploi dans lequel je pourrai développer mes acquis et laisser vibrer ma passion pour [précisez le domaine d'activité].

J'ai eu le bonheur de découvrir que vous en étiez à planifier un agrandissement pour votre [précisez : votre magasin, atelier, succursale, bureau, etc.] et comme il y aura forcément un ou plusieurs postes de [précisez] à combler, je vous demande d'envisager ma candidature.

J'espère avoir bientôt la chance de vous rencontrer et de vous donner de plus amples informations quant à mes compétences et à mon expérience. Dans l'attente de vos nouvelles, je vous prie d'agréer, [formule d'appel], mes salutations distinguées.

[Signature manuscrite]
[Votre nom en caractères d'imprimerie]
[Votre numéro de téléphone]

p. j. Curriculum vitæ

[Vos prénom et nom de famille]
[Votre adresse postale]
[Ville (Province) Code postal]

[Date]

[Nom du destinataire]
[Son titre]
[Nom de la compagnie]
[Adresse postale]
[Ville (Province) Code postal]

Objet : [précisez]

[Formule d'appel],

Titulaire d'un [nommez votre diplôme] et d'un [nommez un autre diplôme], je possède [nombre] ans d'expérience en [précisez].

La gamme de mes compétences est vaste et mon intérêt pour [nom de l'entreprise visée] est vif. L'une comme l'autre sont à l'origine de mon désir de travailler au sein de votre équipe.

Bien entendu, il me ferait plaisir de pouvoir occuper un poste de [précisez], mais je me contenterais d'une activité connexe, pour commencer, histoire d'avoir un pied dans votre entreprise et la chance de vous prouver tout ce dont je suis capable.

Tout à fait confiant dans mes capacités et fort de mon expérience, je peux vous garantir que vous n'aurez jamais à regretter de m'avoir alloué un poste.

Je reste à votre disposition pour vous apporter toutes les précisions que vous souhaiteriez au cours d'une entrevue. Je vous remercie à l'avance de l'attention que vous voudrez bien porter à cette lettre et vous prie de croire, [formule d'appel], à mes sentiments les meilleurs.

[Signature manuscrite]
[Votre nom en caractères d'imprimerie]
[Votre numéro de téléphone]

p. j. Curriculum vitæ

[Vos prénom et nom de famille]
[Votre adresse postale]
[Ville (Province) Code postal]

[Date]

[Nom du destinataire]
[Son titre]
[Nom de la compagnie]
[Adresse postale]
[Ville (Province) Code postal]

Objet: [précisez]

[Formule d'appel],

Je suis actuellement à la recherche de nouvelles occasions dans le domaine de [précisez] afin d'exercer mes compétences et de mettre à profit mon diplôme de [précisez].

Si vous avez un poste de [précisez] à combler, la lecture de mon curriculum vitæ ci-joint vous convaincra que je possède toutes les qualifications nécessaires.

Mon intérêt pour votre entreprise est né de la lecture de plusieurs articles élogieux sur vos produits, vos services et votre grand souci du détail.

Après avoir visité votre site Internet, j'ai été réellement conquis et j'ai éprouvé le vif désir de joindre vos rangs. Certes, la lecture de tous les C.V. qu'on vous envoie vous permet de faire un premier tri selon que les candidats conviennent ou non aux exigences de l'emploi, mais parmi ceux qui restent en lice, vous devez trouver *le* candidat idéal. J'aimerais vous rencontrer afin de pouvoir vous convaincre que je suis celui-là.

Je vous remercie d'avoir pris le temps de me lire et, en attendant d'avoir de vos nouvelles, je vous prie d'agréer, [formule d'appel], l'expression de mes sentiments distingués.

[Signature manuscrite]
[Votre nom en caractères d'imprimerie]
[Votre numéro de téléphone]

p. j. Curriculum vitæ

[Vos prénom et nom de famille]
[Votre adresse postale]
[Ville (Province) Code postal]

[Date]

[Nom du destinataire]
[Son titre]
[Nom de la compagnie]
[Adresse postale]
[Ville (Province) Code postal]

Objet: [précisez]

[Formule d'appel],

Je me permets de vous faire parvenir mon curriculum vitæ, car je pense que vous serez très certainement intéressé par mes qualifications et mon expérience.

À titre de [précisez], j'ai travaillé pendant [nombre] ans pour [précisez] et pendant [nombre] ans pour [précisez]. Par ailleurs, à titre de [précisez: travailleur autonome, consultant privé, etc.], j'ai su me bâtir un important réseau de relations d'affaires et j'aimerais faire profiter [nom de l'entreprise visée] de ce réseau.

La lecture de mon C.V. vous renseignera davantage sur mon parcours professionnel, mais, pour l'instant, j'aimerais vous exprimer mon désir sincère de joindre vos rangs et mon engagement anticipé de loyauté.

Je souhaite vivement vous rencontrer et je me tiens à votre disposition au jour et à l'heure qui vous conviendront. Dans l'espoir d'une réponse favorable, je vous prie de croire, [formule d'appel], en l'assurance de ma considération distinguée.

[Signature manuscrite]
[Votre nom en caractères d'imprimerie]
[Votre numéro de téléphone]

p. j. Curriculum vitæ

[Vos prénom et nom de famille]
[Votre adresse postale]
[Ville (Province) Code postal]

[Date]

[Nom du destinataire]
[Son titre]
[Nom de la compagnie]
[Adresse postale]
[Ville (Province) Code postal]

Objet : [précisez]

[Formule d'appel],

Je sollicite un emploi dans votre entreprise parce que je suis persuadé que mon expérience en [précisez] vous serait véritablement profitable.

Jeune cadre [ou autre, précisez] dynamique et extrêmement motivé, j'ai acquis mon expérience en travaillant pour plusieurs employeurs différents. Chacun d'eux, à sa façon, m'a appris les ficelles du métier, les secrets de la réussite, la richesse de l'imagination, le sens de l'organisation et l'aptitude à bien planifier mes tâches.

Aujourd'hui, je considère que je suis prêt à gravir un autre échelon dans la hiérarchie de [précisez votre domaine] et c'est la raison pour laquelle je vous écris.

Après avoir fait de nombreuses recherches sur [nom de l'entreprise visée], j'ai découvert que non seulement mes qualifications vous seraient utiles, mais qu'en outre, à votre contact, j'aurais l'occasion d'élargir mes compétences.

J'espère que ma demande aura éveillé votre intérêt et que vous m'accorderez une entrevue afin de connaître [précisez : l'homme, la femme] derrière le C.V.

Veuillez agréer, [formule d'appel], l'expression de mon sincère dévouement.

[Signature manuscrite]
[Votre nom en caractères d'imprimerie]
[Votre numéro de téléphone]

p. j. Curriculum vitæ

[Vos prénom et nom de famille]
[Votre adresse postale]
[Ville (Province) Code postal]

[Date]

[Nom du destinataire]
[Son titre]
[Nom de la compagnie]
[Adresse postale]
[Ville (Province) Code postal]

Objet : [précisez]

[Formule d'appel],

Depuis quelques années, je m'intéresse de très près aux nombreuses performances de [nom de l'entreprise visée] et force m'est de constater que vous êtes en train d'évincer tous vos compétiteurs. C'est auprès d'un de ces derniers que j'ai acquis une bonne partie de mon expérience ; j'aimerais maintenant joindre vos rangs pour être de ceux qui auront vaincu.

Diplômé de [précisez l'institution] en [précisez], j'ai travaillé pendant [nombre] ans chez [nom du compétiteur]. Au nombre de mes réalisations, j'ai [décrivez brièvement une première réalisation], [décrivez brièvement une deuxième réalisation] et [décrivez brièvement une troisième réalisation].

Afin que vous puissiez connaître la totalité de mon parcours professionnel, je joins mon curriculum vitæ à cette lettre, mais j'aimerais d'ores et déjà vous assurer que mes compétences pourraient très certainement être mises à contribution dans un poste de [précisez], au sein de votre groupe.

C'est avec grand plaisir que je me rendrai à un rendez-vous au jour et à l'heure qui vous conviendront pour discuter avec vous de l'ensemble de mes motivations. Je vous prie de croire, [formule d'appel], en l'assurance de ma considération distinguée.

[Signature manuscrite]
[Votre nom en caractères d'imprimerie]
[Votre numéro de téléphone]

p. j. Curriculum vitæ

[Vos prénom et nom de famille]
[Votre adresse postale]
[Ville (Province) Code postal]

[Date]

[Nom du destinataire]
[Son titre]
[Nom de la compagnie]
[Adresse postale]
[Ville (Province) Code postal]

Objet : [précisez]

[Formule d'appel],

Titulaire d'un [nommez votre diplôme] et sans emploi depuis [précisez], je suis actuellement à la recherche d'une entreprise offrant à ses employés des programmes de formation permanente. À cet égard, la réputation de [nom de l'entreprise visée] n'est plus à faire puisqu'elle est citée partout en exemple.

Spécialiste de [précisez], je possède [nombre] ans d'expérience en [précisez] et j'aimerais vous souligner quelques-unes de mes réalisations.

- [Décrivez brièvement une réalisation] ;
- [Décrivez brièvement une réalisation] ;
- [Décrivez brièvement une réalisation].

Vous en apprendrez davantage en consultant mon curriculum vitæ ci-joint et, si besoin est, je peux vous fournir toutes les lettres de recommandation que vous jugeriez utiles. Si un poste de [précisez] est à combler chez vous, je souhaite que la lecture de mon parcours professionnel saura vous convaincre que je possède les qualifications nécessaires pour l'occuper.

J'espère vraiment que vous accepterez de me rencontrer en entrevue afin que l'on puisse discuter de la manière dont je crois que [nom de l'entreprise visée] pourrait bénéficier de mon expérience, de mes compétences et de ma conscience professionnelle.

Dans l'attente de votre réponse, je vous prie de recevoir, [formule d'appel], l'expression de mes sentiments respectueux.

[Signature manuscrite]
[Votre nom en caractères d'imprimerie]
[Votre numéro de téléphone]

p. j. Curriculum vitæ

[Vos prénom et nom de famille]
[Votre adresse postale]
[Ville (Province) Code postal]

[Date]

[Nom du destinataire]
[Son titre]
[Nom de la compagnie]
[Adresse postale]
[Ville (Province) Code postal]

Objet : [précisez]

[Formule d'appel],

Je désire, par la présente, vous manifester mon vif intérêt pour votre entreprise. Comme j'aimerais que vous acceptiez d'envisager ma candidature à un poste de [précisez], je me permets de vous envoyer mon curriculum vitæ.

Je voudrais attirer votre attention sur quelques points :

✔ Je possède [nombre] ans d'expérience dans le domaine de [précisez] ;

✔ J'ai un bon réseau de relations professionnelles que je pourrai mettre à votre disposition ;

✔ Je jouis d'une grande habileté sur le plan de la communication, je suis sociable et engageant ;

✔ Je suis dynamique et déterminé à devenir le meilleur dans mon secteur d'activité ;

✔ Je suis créatif, j'ai le sens de l'initiative et j'ai un excellent sens de l'organisation.

Malheureusement, je n'ai guère de réalisations extraordinaires à vous présenter puisque, dans mes emplois antérieurs, je n'ai jamais eu la chance de donner mon plein rendement. Et c'est particulièrement pour cette raison que je m'adresse à vous, car je sais que vous encouragez vos employés à donner leur pleine mesure en leur confiant des responsabilités toujours plus importantes. J'aimerais vraiment investir ma puissante volonté de réussir dans une entreprise aussi avant-gardiste que la vôtre.

Permettez-moi de vous rencontrer en entrevue afin que vous puissiez faire la connaissance d'un candidat dont le C.V. ne donne qu'un pâle aperçu. Je vous remercie grandement de votre attention et je vous prie d'accepter, [formule d'appel], mes salutations distinguées.

[Signature manuscrite]
[Votre nom en caractères d'imprimerie]
[Votre numéro de téléphone]

p. j. Curriculum vitæ

[Vos prénom et nom de famille]
[Votre adresse postale]
[Ville (Province) Code postal]

[Date]

[Nom du destinataire]
[Son titre]
[Nom de la compagnie]
[Adresse postale]
[Ville (Province) Code postal]

Objet: [précisez]

[Formule d'appel],

Après [nombre] années de service pour [nom de l'entreprise], je suis à la recherche d'une entreprise œuvrant dans le secteur [précisez].

Je suis actuellement à contrat, mais mon engagement prendra fin le [précisez la date] et je serai alors disponible pour occuper un poste que vous jugerez convenir à mes compétences.

Vous découvrirez mon parcours professionnel en lisant mon curriculum vitæ ci-joint, mais je demeure à votre entière disposition pour vous fournir des précisions supplémentaires relativement à mes réalisations.

Je crois sincèrement que je pourrais être un excellent élément et un atout non négligeable pour votre entreprise. Aussi, je sollicite, par la présente, un rendez-vous destiné à vous démontrer comment mon expérience et mes qualifications pourraient vous être utiles.

Lettres de présentation spontanée 113

En attendant un signe de votre part, je vous prie de croire, [formule d'appel], en l'assurance de ma considération distinguée.

[Signature manuscrite]
[Votre nom en caractères d'imprimerie]
[Votre numéro de téléphone]

p. j. Curriculum vitæ

[Vos prénom et nom de famille]
[Votre adresse postale]
[Ville (Province) Code postal]

[Date]

[Nom du destinataire]
[Son titre]
[Nom de la compagnie]
[Adresse postale]
[Ville (Province) Code postal]

Objet: [précisez]

[Formule d'appel],

Sachant que vous vous spécialisez dans le domaine [précisez] et parce que je suis présentement sans emploi, je me permets de vous envoyer mon curriculum vitæ.

Je désire vous offrir mes services à titre de [précisez], mais tout autre poste connexe me conviendrait également.

En réalité, ce que j'aimerais avant tout, c'est joindre les rangs de votre équipe car je la sais dynamique et solidaire et toujours tournée vers l'expansion et l'innovation. La lecture de mon C.V. vous apprendra, notamment, qu'au cours des [nombre en lettres] dernières années, j'ai [décrivez brièvement une réalisation] en plus de [décrivez brièvement une seconde réalisation].

J'espère que vous accepterez de considérer ma candidature et que vous voudrez bien m'accorder une entrevue. Je vous téléphonerai dans [nombre] jours afin que nous puissions fixer un rendez-vous à une date qui vous conviendra.

En vous remerciant à l'avance de l'attention que vous voudrez bien porter à cette lettre, je vous prie de recevoir, [formule d'appel], mes meilleures salutations.

[Signature manuscrite]
[Votre nom en caractères d'imprimerie]
[Votre numéro de téléphone]

p. j. Curriculum vitæ

[Vos prénom et nom de famille]
[Votre adresse postale]
[Ville (Province) Code postal]

[Date]

[Nom du destinataire]
[Son titre]
[Nom de la compagnie]
[Adresse postale]
[Ville (Province) Code postal]

Objet: [précisez]

[Formule d'appel],

Comme j'aimerais par-dessus tout faire partie de votre équipe et que je suis persuadé que mes compétences vous seraient utiles, j'ose vous faire parvenir un exemplaire de mon curriculum vitæ.

Dans quelques [précisez: semaines, mois], je quitterai [précisez la ville où vous habitez] pour m'établir à [précisez]. En conséquence, j'ai étudié le profil de nombreuses entreprises et c'est sur la vôtre que s'est arrêté mon choix parce que votre philosophie correspond en tous points à mes convictions et à mes objectifs de carrière.

L'évolution constante de [votre domaine] est tellement rapide qu'il est parfois difficile de garder le cap. Cependant, je peux vous certifier que je me tiens constamment à jour concernant tout ce qui a trait au(x) [précisez].

J'aimerais mettre mes compétences et mes [nombre] ans d'expérience au service de [nom de l'entreprise visée]. À cet égard, je sollicite un rendez-vous au cours duquel nous échangerions à propos des avantages mutuels que nous pourrions tirer de notre collaboration.

Je communiquerai avec vous dans dix jours afin de convenir d'une date pour une entrevue. D'ici là, je vous prie d'agréer, [formule d'appel], l'expression de mes sentiments distingués.

[Signature manuscrite]
[Votre nom en caractères d'imprimerie]
[Votre numéro de téléphone]

p. j. Curriculum vitæ

[Vos prénom et nom de famille]
[Votre adresse postale]
[Ville (Province) Code postal]

[Date]

[Nom du destinataire]
[Son titre]
[Nom de la compagnie]
[Adresse postale]
[Ville (Province) Code postal]

Objet : [précisez]

[Formule d'appel],

J'ai sélectionné votre entreprise parmi tant d'autres, car elle semble prendre continuellement de l'expansion et je crois que, dans cet impressionnant développement, il y a une place pour moi.

Si je me permets de vous adresser ma candidature, c'est que j'entends parler, un peu partout dans l'industrie, de votre large vision de l'avenir et de votre intention de devenir chef de file dans le domaine [précisez]. J'aimerais beaucoup me joindre à votre équipe, car votre conception du futur rejoint parfaitement la mienne.

Je vous fais parvenir mon curriculum vitæ dans lequel vous trouverez tous les détails relatifs à mes diplômes, à mon expérience et à mes réalisations. Si ma candidature suscite votre intérêt, il me fera plaisir de vous rencontrer et de vous confier ma conception personnelle de [précisez le domaine d'activité].

Dans cette attente, je vous prie d'agréer, [formule d'appel], l'expression de mes sentiments distingués.

[Signature manuscrite]
[Votre nom en caractères d'imprimerie]
[Votre numéro de téléphone]

p. j. Curriculum vitæ

[Vos prénom et nom de famille]
[Votre adresse postale]
[Ville (Province) Code postal]

[Date]

[Nom du destinataire]
[Son titre]
[Nom de la compagnie]
[Adresse postale]
[Ville (Province) Code postal]

Objet : [précisez]

[Formule d'appel],

Compte tenu de l'actuelle pénurie de [précisez le poste convoité] qualifiés, sérieux et motivés, j'ai cru que vous seriez sans doute enclin à considérer ma candidature. À cet égard, je me permets de vous présenter mon curriculum vitæ en souhaitant qu'il sache vous convaincre des avantages réciproques que nous gagnerions à collaborer.

Fort de mes [nombre] ans d'expérience dans des entreprises diverses, j'ai développé, au fil du temps, des aptitudes qui ne s'acquièrent pas sur les bancs d'école, par exemple le sens de l'initiative, une créativité fertile et un certain don pour trouver des solutions originales aux problèmes.

Je serais vraiment intéressé de vous rencontrer, histoire de vous démontrer de quelle façon mon expérience pourrait être mise à contribution chez vous. Dans l'attente de vous entendre ou de vous lire, je vous prie de recevoir, [formule d'appel], mes plus sincères salutations.

[Signature manuscrite]
[Votre nom en caractères d'imprimerie]
[Votre numéro de téléphone]

p. j. Curriculum vitæ

Vous visez un poste de direction.
Vous voulez changer d'emploi.

[Vos prénom et nom de famille]
[Votre adresse postale]
[Ville (Province) Code postal]

[Date]

[Nom du destinataire]
[Son titre]
[Nom de la compagnie]
[Adresse postale]
[Ville (Province) Code postal]

Objet : [précisez]

[Formule d'appel],

Il a récemment été porté à mon attention que votre [titre du poste convoité] est sur le point de prendre sa retraite, et que son poste sera ouvert sous peu. Ainsi, si cela se confirme, permettez-moi de poser ma candidature à ce poste.

Mon curriculum vitæ ci-joint vous informera quant à ma grande expérience dans le domaine [précisez] et [précisez]. Je crois que cette expérience ainsi que ma formation (que je remets à jour régulièrement) m'ont bien préparé pour assumer le rôle de [précisez] dans une société comme la vôtre. J'ai acquis mon expérience professionnelle notamment chez [nom de l'entreprise pour laquelle vous avez travaillé et travaillez actuellement] dont les activités et les mandats d'excellence sont tout à fait semblables aux vôtres. Pour toutes ces raisons, je crois posséder les aptitudes nécessaires pour faire face aux problèmes auxquels votre entreprise pourrait être confrontée et pour relever les défis à venir.

Je dois vous avouer que suis très heureux de travailler pour [nom de l'entreprise], l'entreprise qui m'emploie aujourd'hui. Toutefois, je ne vois aucune occasion, dans un proche avenir, d'y occuper un poste de direction (le directeur est jeune et très compétent). De plus, j'aimerais évoluer dans une entreprise où je pourrais assumer de plus grandes responsabilités.

Je suis convaincu qu'une rencontre serait mutuellement avantageuse, car vous pourriez mieux juger de ma compétence, de ma bonne volonté et de mes qualités personnelles. Je me tiens donc à votre disposition pour une entrevue dont vous pouvez me fixer la date par téléphone ou en m'écrivant à l'adresse ci-dessus.

En attendant le plaisir de vous serrer la main, je vous prie de recevoir, [formule d'appel], mes respectueuses salutations.

[Signature manuscrite]
[Votre nom en caractères d'imprimerie]
[Votre numéro de téléphone]

p. j. Curriculum vitæ

Lettres de présentation à la suite d'une référence

La lettre de présentation à la suite d'une référence est celle que vous adressez à un employeur après qu'une connaissance ou une relation vous a dit que celui-ci pourrait être intéressé par vos compétences ou votre expertise.

Bien entendu, vous devez garder un ton professionnel, mais vous pouvez – sinon, devez – évoquer directement la personne en question, éventuellement vos relations avec elle, puis mettre l'accent sur votre intérêt vis-à-vis de l'entreprise et sur vos capacités.

[Vos prénom et nom de famille]
[Votre adresse postale]
[Ville (Province) Code postal]

[Date]

[Nom du destinataire]
[Son titre]
[Nom de la compagnie]
[Adresse postale]
[Ville (Province) Code postal]

Objet : [précisez]

[Formule d'appel],

Ma sœur [nom de votre sœur], [son titre] chez vous, est d'avis que [nom de l'entreprise] pourrait bénéficier de mes qualifications et de mon expérience.

Vous avez besoin d'un [nom du poste vacant] ? Alors, je crois vraiment que je peux contribuer à la croissance et au développement de votre entreprise.

Je possède [nombre] ans d'expérience en [nommez quelques-unes de vos compétences]. Au fil des ans, j'ai réalisé de nombreux projets dont [nommez quelques-unes de vos réalisations] et j'ai maintenant besoin de nouveaux défis.

J'aimerais que vous m'accordiez l'honneur d'une entrevue afin que l'on puisse discuter librement de ce que j'ai à offrir et de quelle façon je peux contribuer à l'essor de [nom de l'entreprise].

Je vous remercie à l'avance du temps consenti à la lecture de cette lettre et de mon curriculum vitæ ci-joint, et j'espère avoir bientôt de vos nouvelles.

Je vous prie d'agréer, [formule d'appel], mes plus cordiales salutations.

[Signature manuscrite]
[Votre nom en caractères d'imprimerie]
[Votre numéro de téléphone]

p. j. Curriculum vitæ

[Vos prénom et nom de famille]
[Votre adresse postale]
[Ville (Province) Code postal]

[Date]

[Nom du destinataire]
[Son titre]
[Nom de la compagnie]
[Adresse postale]
[Ville (Province) Code postal]

Objet: [précisez]

[Formule d'appel],

Il y a [précisez: quelques jours, semaines, mois, ou encore mentionnez la date], alors que je participais [à une conférence, à un congrès, au Salon du...] tenu à [nom de la ville ou de la municipalité], j'ai fait la connaissance de [nom de la personne], [titre de la personne dans l'entreprise visée] au sein de votre entreprise. Il m'a aimablement donné votre nom lorsque je lui ai fait part de ma recherche d'emploi en me disant qu'il croyait que mes compétences en matière de [précisez] pourraient être mises à contribution dans votre équipe.

Titulaire de [nom du diplôme], j'ai été, notamment, [fonctions exercées dans un ou plusieurs postes clés] chez [nom de la ou des entreprises concernées], ce qui m'a permis d'accroître considérablement mon expérience en [nommez quelques compétences: leadership, gestion, restructuration, etc.]. Au cours de ces années, j'ai [nommez une ou plusieurs réalisations], réalisations dont je suis très fier.

Je suis persuadé que la lecture de mon C.V. saura vous convaincre que je réponds à toutes vos exigences et vos critères d'excellence. Pour discuter plus amplement de ce que mon embauche aurait de positif, tant pour vous que pour moi, j'aimerais que vous m'accordiez une entrevue. À cet égard, je suis disponible en tout temps et vous pouvez me joindre par téléphone ou encore par courriel.

Dans l'attente de recevoir de vos nouvelles, je vous prie d'agréer, [formule d'appel], l'expression de mes salutations distinguées.

[Signature manuscrite]
[Votre nom en caractères d'imprimerie]
[Votre numéro de téléphone]
[Votre adresse de courriel]

p. j. Curriculum vitæ

[Vos prénom et nom de famille]
[Votre adresse postale]
[Ville (Province) Code postal]

[Date]

[Nom du destinataire]
[Son titre]
[Nom de la compagnie]
[Adresse postale]
[Ville (Province) Code postal]

Objet : [précisez]

[Formule d'appel],

Votre collègue [son nom], [son titre] chez vous, m'a dit croire que [nom de l'entreprise visée] pourrait profiter de mes compétences et de mon expérience.

En parcourant mon curriculum vitæ ci-joint, vous trouverez le détail de ma formation, de mon expérience et de mes réalisations.

Après avoir passé [nombre] ans au service de [nom de l'entreprise], notamment en tant que [précisez la fonction], je suis maintenant prêt à passer à une autre étape professionnelle. Je suis convaincu que mon savoir-faire en matière de [précisez] serait un atout supplémentaire pour votre entreprise toujours à la recherche [précisez : de « sang neuf », d'originalité, de nouveautés, de candidats innovateurs, etc.].

Vous remerciant de votre lecture, je reste à votre disposition pour vous fournir des suppléments d'informations au cours d'un éventuel entretien.

Dans cette attente, je vous prie de croire, [formule d'appel], en l'assurance de ma considération distinguée.

[Signature manuscrite]
[Votre nom en caractères d'imprimerie]
[Votre numéro de téléphone]

p. j. Curriculum vitæ

[Vos prénom et nom de famille]
[Votre adresse postale]
[Ville (Province) Code postal]

[Date]

[Nom du destinataire]
[Son titre]
[Nom de la compagnie]
[Adresse postale]
[Ville (Province) Code postal]

Objet : [précisez]

[Formule d'appel],

[Nom de la référence], [son titre dans l'entreprise ou son lien avec le recruteur], m'a suggéré de m'adresser à vous relativement au poste de [précisez] offert dans votre entreprise.

Comme mon expérience et mes qualifications correspondent aux exigences requises, je me permets de porter mon curriculum vitæ ci-joint à votre attention.

Au cours des [nombre] années que j'ai passé à [nom de l'entreprise], j'ai pu me familiariser avec [précisez], m'initier à [précisez] et développer mes compétences générales en [précisez]. Depuis quelque temps déjà, je cherche à intégrer une entreprise comme la vôtre où mon expérience pourrait être efficacement mise à contribution.

Par la présente, je sollicite une entrevue avec vous afin de vous décrire davantage mes qualifications, mais aussi pour vous exprimer mon vif intérêt à obtenir ce poste dans votre entreprise.

Je vous remercie à l'avance et, dans l'attente, je vous prie de recevoir, [formule d'appel], mes salutations bien sincères.

[Signature manuscrite]
[Votre nom en caractères d'imprimerie]
[Votre numéro de téléphone]

p. j. Curriculum vitæ

[Vos prénom et nom de famille]
[Votre adresse postale]
[Ville (Province) Code postal]

[Date]

[Nom du destinataire]
[Son titre]
[Nom de la compagnie]
[Adresse postale]
[Ville (Province) Code postal]

Objet: [précisez]

[Formule d'appel],

À la suite d'un entretien avec un de vos [confrères, amis, employés, etc.], j'ai appris qu'un poste de [précisez] serait bientôt disponible dans votre entreprise. Comme mon expérience et mes qualifications répondent parfaitement aux exigences liées à cet emploi, [nom de la référence] m'a chaudement recommandé de vous faire parvenir mon curriculum vitæ. J'espère vivement que vous accepterez de prendre ma candidature en considération.

Si je vous propose mes services, c'est que je suis convaincu que je pourrais participer efficacement à l'essor de [nom de l'entreprise visée]. Parmi toutes les entreprises spécialisées dans le domaine de [précisez], vous avez éveillé mon intérêt et retenu mon attention par votre caractère progressiste.

Je crois qu'un entretien me donnerait l'occasion de vous exposer plus en détail de quelle manière votre entreprise pourrait bénéficier de mon expérience.

En espérant que vous accepterez de donner suite favorablement à ma demande, je vous prie de recevoir, [formule d'appel], mes salutations distinguées.

[Signature manuscrite]
[Votre nom en caractères d'imprimerie]
[Votre numéro de téléphone]

p. j. Curriculum vitæ

[Vos prénom et nom de famille]
[Votre adresse postale]
[Ville (Province) Code postal]

[Date]

[Nom du destinataire]
[Son titre]
[Nom de la compagnie]
[Adresse postale]
[Ville (Province) Code postal]

Objet: [précisez]

[Formule d'appel],

La semaine dernière [ou précisez le moment], j'ai eu l'occasion de discuter avec [nom de la référence], [son titre ou son lien avec le recruteur], et il m'a révélé que vous étiez actuellement à la recherche d'un [précisez]. Comme il ne fait aucun doute que ce poste m'intéresse vivement, [nom de la référence] m'a fortement conseillé de poser ma candidature.

Je travaille dans le domaine [précisez] depuis [nombre] ans, dont [nombre] ans pour [nom de l'entreprise] et [nombre] ans chez [nom de l'entreprise]. Au fil des ans, j'ai été appelé à occuper différentes fonctions. J'ai été, tour à tour, [précisez], [précisez] et [précisez].

Parmi mes réalisations, dont vous trouverez le détail dans mon curriculum vitæ ci-joint, j'ai [décrivez brièvement une réalisation] et j'ai [décrivez brièvement une seconde réalisation]. Aujourd'hui, je suis conscient que mon expérience représente un atout appréciable pour les entreprises comme la vôtre grâce, notamment, à ma polyvalence et à ma formation permanente.

Désireux d'en connaître davantage sur vos activités et sur le poste de [précisez], je serais heureux de vous rencontrer en entrevue au jour et à l'heure qui vous conviendront.

Dans l'attente et en vue d'une collaboration sérieuse, je vous prie de croire, [formule d'appel], à l'expression de mes sentiments respectueux.

[Signature manuscrite]
[Votre nom en caractères d'imprimerie]
[Votre numéro de téléphone]

p. j. Curriculum vitæ

Vous revenez au travail après un temps d'arrêt.

[Vos prénom et nom de famille]
[Votre adresse postale]
[Ville (Province) Code postal]

[Date]

[Nom du destinataire]
[Son titre]
[Nom de la compagnie]
[Adresse postale]
[Ville (Province) Code postal]

Objet : [précisez]

[Formule d'appel],

J'ai appris récemment par [nom de la personne], un de vos [précisez : employés, anciens employés, clients, etc.], que vous alliez ouvrir bientôt un [atelier, magasin, manufacture, nouveau bureau, nouvelle succursale, etc.] à [nommez l'endroit].

Je suis actuellement à la recherche d'un emploi dans le domaine [précisez], et je crois que ma candidature pourrait vous intéresser.

Après avoir obtenu mon diplôme de [précisez] en [année d'obtention], j'ai travaillé pendant [nombre] ans comme [précisez votre fonction] puis, en [année], je suis entré au service de [nom de l'entreprise] et j'y suis resté [nombre] ans d'abord comme [précisez votre fonction], ensuite comme [précisez].

À la suite de la fermeture de l'entreprise, j'ai fait un arrêt de [précisez le nombre de mois, d'années], mais j'éprouve aujourd'hui l'envie de réintégrer le marché du travail. Je suis fait pour [quelques caractéristiques indispensables dans le secteur d'activité visé] et, pour étayer ces affirmations, il me fera plaisir de vous fournir, si vous le souhaitez, des lettres de recommandation.

Si ma candidature retient votre attention, je vous propose de me fixer un rendez-vous. Je suis tout à fait disponible et disposé à commencer quand bon vous plaira.

Dans l'attente de vos nouvelles, je vous prie d'agréer, [formule d'appel], mes salutations distinguées.

[Signature manuscrite]
[Votre nom en caractères d'imprimerie]
[Votre numéro de téléphone]

p. j. Curriculum vitæ

Vous voulez changer d'emploi et vous êtes prêt à déménager.

[Vos prénom et nom de famille]
[Votre adresse postale]
[Ville (Province) Code postal]

[Date]

[Nom du destinataire]
[Son titre]
[Nom de la compagnie]
[Adresse postale]
[Ville (Province) Code postal]

Objet : [précisez]

[Formule d'appel],

Je me permets de vous faire parvenir mon curriculum vitæ à la suggestion de [nom de votre référence], mon voisin et votre [précisez : directeur adjoint, collaborateur, assistant, etc.], qui m'a informé que vous étiez présentement à la recherche d'un [précisez].

Ce poste à pourvoir correspond exactement à ce que je recherche et, par ailleurs, ressemble en grande partie à celui que j'occupe présentement chez [nom de votre employeur actuel].

Au total, j'ai [nombre] ans d'expérience dans le domaine [précisez], dont [nombre] années comme [précisez la fonction] chez [nom de l'entreprise] où j'ai appris à [précisez quelques compétences] et où j'ai pu me familiariser avec [précisez : technique, matériel, technologie, procédé, etc.].

Pour le moment, j'habite à [précisez], mais si vous acceptez de m'attribuer un poste, je n'aurai besoin que de [précisez le nombre de jours, de semaines ou de mois] de délai.

Si ma candidature vous intéresse, je serai dans votre région le [date] et j'aimerais bien vous rencontrer. Je vous téléphonerai quelques jours avant cette date afin que nous puissions convenir d'un rendez-vous.

Dans l'espoir que vous prendrez ma candidature en considération, je vous prie de recevoir, [formule d'appel], mes respectueuses salutations.

[Signature manuscrite]
[Votre nom en caractères d'imprimerie]
[Votre numéro de téléphone]

p. j. Curriculum vitæ

Vous voulez changer d'emploi.

Variante : Si vous êtes sans emploi, remplacez la dernière phrase du deuxième paragraphe par : « En outre, j'ai su me bâtir, au fil des ans, une clientèle que je n'aurai aucun mal à retracer et à convaincre de me revenir. »

[Vos prénom et nom de famille]
[Votre adresse postale]
[Ville (Province) Code postal]

[Date]

[Nom du destinataire]
[Son titre]
[Nom de la compagnie]
[Adresse postale]
[Ville (Province) Code postal]

Objet : [précisez]

[Formule d'appel],

[Nom de la personne], [son titre dans l'entreprise visée] chez vous et mon voisin, m'a informé qu'un poste de [précisez] se libérerait bientôt dans votre service et que vous n'avez pas encore choisi de candidat pour le combler. Comme je crois posséder l'expérience requise, je me permets de vous faire parvenir mon curriculum vitæ.

J'ai, à mon actif, [nombre] ans d'expérience dans une (ou des) entreprise(s) dont le(s) marché(s) est(sont) similaire(s) au(x) vôtre(s). En tant que [nom d'un poste important déjà occupé], j'ai eu l'occasion de me bâtir une excellente réputation d'honnêteté et d'efficacité dans [nom du secteur d'activité, par exemple la vente, l'enseignement]. En outre, j'ai su me bâtir une clientèle qui, j'en suis certain, me suivra si je change d'employeur.

Je vous offre donc, outre ma clientèle fidélisée, mon aptitude à [précisez quelques-unes de vos forces comme diriger, convaincre, écouter], mes compétences en [précisez: vente, informatique, administration, etc.] et mes [nombre] ans d'expertise dans le domaine [précisez].

Si ma candidature vous intéresse, vous trouverez dans mon C.V. le détail de toutes mes réalisations et vous constaterez certainement que je peux devenir un élément très rentable pour [nom de l'entreprise].

Après la lecture de cette lettre, j'espère que vous n'hésiterez pas à me fixer un rendez-vous afin que l'on puisse, en tête-à-tête, discuter des nombreux avantages que nous aurions à travailler ensemble.

Dans l'espoir de recevoir de vos nouvelles sous peu, je vous prie de croire, [formule d'appel], à mes sentiments les meilleurs.

[Signature manuscrite]
[Votre nom en caractères d'imprimerie]
[Votre numéro de téléphone]

p. j. Curriculum vitæ

Lettres de présentation à la suite d'une annonce dans Internet

C'est souvent par Internet que vous répondrez à une annonce parue sur le Web. Lorsque la lettre et le C.V. sont envoyés par ce mode de communication, l'objet de la lettre est inscrit dans la case « Objet » du courriel. Il est entendu que vous ne pourrez apposer votre signature manuscrite dans ces cas.

Pour plus d'informations sur la transmission de lettres de présentation et de curriculum vitæ par Internet, reportez-vous aux rubriques « À retenir » et « À éviter » (voir aux pages 33 à 36).

[Vos prénom et nom de famille]
[Votre adresse postale]
[Ville (Province) Code postal]

[Date]

[Nom du destinataire]
[Son titre]
[Nom de la compagnie]
[Adresse postale]
[Ville (Province) Code postal]

[Formule d'appel],

Votre annonce parue sur le site [nom et adresse du site] concernant le poste de [précisez] a suscité mon intérêt et, à cet égard, je me permets de joindre mon curriculum vitæ à ce courriel.

En tant que [précisez : diplômé en bureautique, informaticien, programmeur, etc.], j'ai réalisé [décrivez brièvement une réalisation] et mes compétences vont de [précisez] à [précisez], en passant par [précisez].

J'ai de nombreux avantages à vous offrir :

• Je suis [précisez] ;

• J'ai [précisez],

• Je possède [précisez].

Si j'ai choisi de poser ma candidature à ce poste, c'est que je souhaite sincèrement joindre une équipe dynamique dont le regard de chacun de ses membres est tourné vers l'avenir.

Tant pour mes qualifications que pour mes motivations, je vous demande de bien vouloir m'accorder une entrevue afin de me donner l'occasion de vous persuader que je peux être un actif intéressant pour vous.

Dans l'attente de vos nouvelles, je vous prie d'agréer, [formule d'appel], l'expression de mes sentiments distingués.

[Signature manuscrite]
[Votre nom en caractères d'imprimerie]
[Votre numéro de téléphone]
[Votre adresse de courriel]

p. j. Curriculum vitæ

[Vos prénom et nom de famille]
[Votre adresse postale]
[Ville (Province) Code postal]

[Date]

[Nom du destinataire]
[Son titre]
[Nom de la compagnie]
[Adresse postale]
[Ville (Province) Code postal]

[Formule d'appel],

À mon grand bonheur, j'ai découvert en naviguant sur votre site Web que vous étiez à la recherche d'un [précisez].

Avec une maîtrise totale de [précisez] et de [précisez], je suis incontestablement qualifié pour occuper ce poste ; la lecture de mon curriculum vitæ, en document attaché, vous en convaincra certainement.

Il y a déjà plusieurs [jours, semaines, mois] que je songeais à entrer en communication avec vous et c'est la raison pour laquelle, de façon régulière, je visitais votre site Internet. Je guettais une occasion et je la tiens maintenant. Il ne me reste plus qu'à vous démontrer que je suis le candidat idéal pour le poste de [précisez] et, dans ce dessein, il me plairait que vous m'accordiez une entrevue. Je suis certain que vous serez enchanté de constater la fièvre qui m'anime dès qu'il est question de [précisez le domaine d'activité].

Vous pouvez me joindre en tout temps par téléphone ou, bien sûr, par courrier électronique si vous préférez. Dans l'espoir d'avoir bientôt de vos nouvelles, je vous prie de croire, [formule d'appel], en l'assurance de ma considération distinguée.

[Signature manuscrite]
[Votre nom en caractères d'imprimerie]
[Votre numéro de téléphone]
[Votre adresse de courriel]

p. j. Curriculum vitæ

[Vos prénom et nom de famille]
[Votre adresse postale]
[Ville (Province) Code postal]

[Date]

[Nom du destinataire]
[Son titre]
[Nom de la compagnie]
[Adresse postale]
[Ville (Province) Code postal]

[Formule d'appel],

Pour faire suite à votre annonce parue sur le site [nom et adresse du site], je vous fais parvenir mon curriculum vitæ. L'éventualité de travailler au sein de votre entreprise m'enthousiasme vraiment et c'est la raison pour laquelle je postule au poste de [précisez le poste].

C'est avec beaucoup d'assurance et de confiance que je soumets mon C.V. à votre examen. En effet, outre [nommez une compétence], la direction de votre entreprise peut compter sur mes compétences en [précisez] et en [précisez].

Je crois sincèrement que ma candidature devrait retenir votre attention et je me tiens à votre disposition pour répondre à votre convocation afin de discuter avec vous de mon parcours professionnel et de mes objectifs à long terme.

Je vous prie d'agréer, [formule d'appel], l'expression de ma considération distinguée.

[Signature manuscrite]
[Votre nom en caractères d'imprimerie]
[Votre numéro de téléphone]
[Votre adresse de courriel]

p. j. Curriculum vitæ

[Vos prénom et nom de famille]
[Votre adresse postale]
[Ville (Province) Code postal]

[Date]

[Nom du destinataire]
[Son titre]
[Nom de la compagnie]
[Adresse postale]
[Ville (Province) Code postal]

[Formule d'appel],

C'est avec beaucoup d'intérêt que j'ai noté votre offre d'emploi parue sur le site [nom et adresse du site] relativement à un poste de [précisez].

À cet égard, je vous transmets mon curriculum vitæ afin que vous puissiez prendre connaissance du détail de ma formation et de mon expérience.

Outre mes [nombre] ans d'expérience en [précisez], j'ai développé des aptitudes supplémentaires [précisez : en travaillant avec le public, comme représentant sur la route, en donnant des cours privés, etc.]. Toutes ces expériences de travail m'ont permis d'améliorer [énumérez quelques-unes de vos qualités : mes habiletés en communication, ma créativité, mon sens de l'organisation, mon esprit d'initiative, etc.]. Avec ce bagage professionnel, je me sens apte à occuper le poste de [précisez] et de m'acquitter de mes différentes tâches à votre plus grande satisfaction.

Je me tiens à votre entière disposition pour une entrevue, au moment qui vous conviendra, afin de vous démontrer de quelle façon mes qualifications pourraient être profitables à [nom de l'entreprise visée].

Dans l'espoir et l'attente d'un rendez-vous, je vous prie d'agréer, [formule d'appel], l'assurance de ma considération distinguée.

[Signature manuscrite]
[Votre nom en caractères d'imprimerie]
[Votre numéro de téléphone]
[Votre adresse de courriel]

p. j. Curriculum vitæ

[Vos prénom et nom de famille]
[Votre adresse postale]
[Ville (Province) Code postal]

[Date]

[Nom du destinataire]
[Son titre]
[Nom de la compagnie]
[Adresse postale]
[Ville (Province) Code postal]

[Formule d'appel],

J'ai appris, en naviguant sur le Web, que vous recrutiez actuellement pour un poste de [précisez].

Afin de souligner la pertinence de ma candidature, voici ce que j'ai à offrir :

- J'ai [nombre] ans d'expérience dans le domaine [précisez];

- J'ai [décrivez une réalisation];

- Pour le compte de [précisez], j'ai [décrivez brièvement une réalisation];

- Dynamique, je suis un excellent [précisez] et je possède toutes les qualifications requises pour occuper le poste de [précisez], soit : [précisez les qualifications requises par le poste et que vous possédez].

Je demeure à votre entière disposition pour vous fournir, en entrevue, toutes les précisions nécessaires quant à mon expérience professionnelle. Ainsi, vous pourrez mieux apprécier l'intérêt de ma candidature.

Vous pouvez me joindre en tout temps à l'un ou à l'autre de mes numéros de téléphone ou encore m'envoyer un courriel à l'adresse ci-dessous.

Dans l'attente d'une réponse que j'espère favorable, je vous prie d'agréer, [formule d'appel], l'expression de mes salutations distinguées.

[Signature manuscrite]
[Votre nom en caractères d'imprimerie]
[Votre numéro de téléphone 1]
[Votre numéro de téléphone 2]
[Votre adresse de courriel]

p. j. Curriculum vitæ

[Vos prénom et nom de famille]
[Votre adresse postale]
[Ville (Province) Code postal]

[Date]

[Nom du destinataire]
[Son titre]
[Nom de la compagnie]
[Adresse postale]
[Ville (Province) Code postal]

[Formule d'appel],

C'est avec un immense plaisir que je vous fais parvenir mon curriculum vitæ pour le poste de [précisez] offert sur le site [nom et adresse du site].

Cette offre d'emploi a immédiatement attiré mon attention, car j'ai toujours eu beaucoup d'admiration tant pour la structure interne de votre entreprise que pour vos produits et services.

Cet emploi représenterait pour moi l'occasion d'acquérir une nouvelle expérience tout en me permettant à la fois d'exploiter et d'élargir mes compétences.

La lecture de mon C.V. vous renseignera sur mon parcours professionnel. J'espère qu'il suscitera votre intérêt et qu'après l'avoir parcouru vous me fixerez un rendez-vous pour une entrevue.

Dans cette attente, je vous prie de croire, [formule d'appel], en l'assurance de ma considération distinguée.

[Signature manuscrite]
[Votre nom en caractères d'imprimerie]
[Votre numéro de téléphone]
[Votre adresse de courriel]

p.j. Curriculum vitæ

[Vos prénom et nom de famille]
[Votre adresse postale]
[Ville (Province) Code postal]

[Date]

[Nom du destinataire]
[Son titre]
[Nom de la compagnie]
[Adresse postale]
[Ville (Province) Code postal]

[Formule d'appel],

J'ai relevé dans le site [nom et adresse du site] l'annonce par laquelle vous demandez un [précisez].

Comme votre entreprise m'intéresse énormément, je désire vous soumettre ma candidature et, à cet effet, vous trouverez ci-joint mon curriculum vitæ. À sa lecture, vous remarquerez très certainement que le poste de [précisez] me conviendrait parfaitement.

Titulaire d'un diplôme de [précisez], j'ai travaillé pendant [nombre] ans pour [nom de l'entreprise] où je me suis initié à [précisez] et où j'ai endossé, avec brio, de lourdes responsabilités.

- À titre de [précisez], j'ai [décrivez brièvement une réalisation];

- En tant que [précisez], j'ai [décrivez brièvement une réalisation];

- En [année], j'ai [décrivez brièvement une réalisation].

Je sais que votre temps est précieux, mais je vous prie quand même de bien vouloir examiner mon C.V. avant de le rejeter. Je suis tout à fait convaincu que l'entretien que vous m'accorderez vous démontrera que mes compétences et mon expérience en [précisez] représenteraient un apport bénéfique pour votre entreprise toujours en expansion.

Dans l'attente d'une prochaine rencontre, je vous prie de recevoir, [formule d'appel], mes respectueuses salutations.

[Signature manuscrite]
[Votre nom en caractères d'imprimerie]
[Votre numéro de téléphone]
[Votre adresse de courriel]

p. j. Curriculum vitæ

[Vos prénom et nom de famille]
[Votre adresse postale]
[Ville (Province) Code postal]

[Date]

[Nom du destinataire]
[Son titre]
[Nom de la compagnie]
[Adresse postale]
[Ville (Province) Code postal]

[Formule d'appel],

En réponse à votre annonce parue sur le site de [nom et adresse du site], je me permets de poser ma candidature au poste de [précisez].

Ce poste éveille en moi un vif intérêt puisque mon expérience en tant que [précisez] m'a très adéquatement préparé à assumer toutes les responsabilités inhérentes à cet emploi. Comme vous le constaterez en lisant mon curriculum vitæ ci-joint, je possède, au total, [nombre] ans d'expérience dans le domaine [précisez].

Il me plairait beaucoup de vous rencontrer afin de vous démontrer de quelle façon mes compétences et ma formation répondent parfaitement à vos exigences.

Dans l'attente d'un appel ou d'un courriel de votre part, je vous prie de croire, [formule d'appel], en l'assurance de ma considération distinguée.

[Signature manuscrite]
[Votre nom en caractères d'imprimerie]
[Votre numéro de téléphone]
[Votre adresse de courriel]

p. j. Curriculum vitæ

Vous voulez changer d'emploi.

[Vos prénom et nom de famille]
[Votre adresse postale]
[Ville (Province) Code postal]

[Date]

[Nom du destinataire]
[Son titre]
[Nom de la compagnie]
[Adresse postale]
[Ville (Province) Code postal]

[Formule d'appel],

Par la présente, je sollicite le poste de [nom du poste] offert sur le site [nom et adresse du site].

Je suis actuellement [votre titre] pour [nom de l'entreprise pour laquelle vous travaillez], mais j'aimerais joindre votre équipe car mon poste actuel, que j'occupe depuis [nombre] ans, ne présente plus aucun défi pour moi et les chances de promotion sont à peu près nulles.

Je possède [nom de votre diplôme] et il me plairait d'exercer mes compétences dans votre entreprise dont l'envergure convient parfaitement à mes ambitions. En tant que [un poste que vous avez déjà occupé], j'ai appris à [nommez ici quelques compétences, par exemple gérer du personnel, analyser des dossiers complexes, négocier avec des clients récalcitrants, etc.] et je suis certain que [nom de l'entreprise] pourrait profiter avantageusement de ma polyvalence.

S'il vous plaisait de me rencontrer, je saurai me rendre disponible mais j'aurai ensuite besoin de [précisez ici le délai] de préavis avant de pouvoir joindre vos rangs.

Dans l'espoir d'une réponse favorable, je vous prie d'agréer, [formule d'appel], l'expression de mes sentiments les plus distingués.

P.-S. – Comme j'ai actuellement un emploi, je vous prie de considérer ma demande comme strictement confidentielle.

[Signature manuscrite]
[Votre nom en caractères d'imprimerie]
[Votre numéro de téléphone]
[Votre adresse de courriel]

p. j. Curriculum vitæ

Vous avez un diplôme mais peu d'expérience.

[Vos prénom et nom de famille]
[Votre adresse postale]
[Ville (Province) Code postal]

[Date]

[Nom du destinataire]
[Son titre]
[Nom de la compagnie]
[Adresse postale]
[Ville (Province) Code postal]

[Formule d'appel],

Je me permets de vous adresser ce courriel après avoir lu votre offre d'emploi sur le site [nom et adresse du site] consacré à [précisez].

Détenteur d'un [précisez : diplôme, certificat, attestation] en [précisez] depuis [année d'obtention], je ne possède cependant que [nombre] ans d'expérience en milieu de travail. Toutefois, [votre fonction] autodidacte, j'ai appris beaucoup en lisant, en cherchant, en étudiant et en procédant par essais et erreurs. En conséquence, je suis très à l'aise et tout à fait sûr de moi en vous proposant mes services pour combler le poste de [précisez].

La lecture de mes réalisations faites de façon indépendante et décrites dans mon C.V. ci-joint vous convaincra sans doute de mes capacités et de mon potentiel.

Enthousiaste à l'idée de joindre vos rangs, je vous prie de bien vouloir m'accorder une entrevue afin que je puisse vous dire de vive voix toute ma passion pour [précisez le domaine].

Veuillez agréer, [formule d'appel], l'expression de mes meilleurs sentiments.

[Signature manuscrite]
[Votre nom en caractères d'imprimerie]
[Votre numéro de téléphone]
[Votre adresse de courriel]

p. j. Curriculum vitæ

Lettres de présentation à la suite d'une rencontre, d'une conférence ou d'un autre événement

Vous avez rencontré quelqu'un, échangé quelques mots avec lui, peut-être à l'occasion d'une rencontre informelle, ou encore dans le cadre d'une réunion professionnelle. Vous vous êtes trouvé des atomes crochus, avez découvert que votre expérience ou vos compétences pourraient être utiles à l'entreprise où il évolue. Voici comment rappeler votre rencontre et présenter une offre d'emploi.

[Vos prénom et nom de famille]
[Votre adresse postale]
[Ville (Province) Code postal]

[Date]

[Nom du destinataire]
[Son titre]
[Nom de la compagnie]
[Adresse postale]
[Ville (Province) Code postal]

Objet : [précisez]

[Formule d'appel],

Pour faire suite à notre rencontre [dites quand : de la semaine dernière, du 15 avril dernier, etc.] à [dites où s'est déroulée la rencontre], j'ai le plaisir de vous faire parvenir mon curriculum vitæ.

J'ai bien enregistré vos propos quant au fait que vous n'avez actuellement aucun poste vacant pouvant convenir à mes compétences. Cependant, je garde espoir que mon expérience en matière de [précisez] fera en sorte que vous ferez appel à moi si un poste de [précisez] venait à se libérer.

Passionné de [précisez], je suis certain que votre entreprise pourrait bénéficier de mes connaissances en [précisez], de mon enthousiasme et de mon dynamisme.

Vous remerciant de votre générosité lors de notre rencontre et de l'attention que vous porterez à cette lettre, je vous prie d'agréer, [formule d'appel], mes salutations distinguées.

[Signature manuscrite]
[Votre nom en caractères d'imprimerie]
[Votre numéro de téléphone]

p. j. Curriculum vitæ

[Vos prénom et nom de famille]
[Votre adresse postale]
[Ville (Province) Code postal]

[Date]

[Nom du destinataire]
[Son titre]
[Nom de la compagnie]
[Adresse postale]
[Ville (Province) Code postal]

Objet : [précisez]

[Formule d'appel],

Le [précisez la date] dernier, alors que j'assistais à [précisez : conférence, convention, congrès, réunion, assemblée de…] à [précisez le nom de la municipalité ou de la ville], j'ai appris qu'un poste de [précisez] allait s'ouvrir bientôt dans votre entreprise. Ainsi, je souhaite donc, aujourd'hui, poser ma candidature à ce poste.

J'ai joint mon curriculum vitæ à cette lettre afin que vous puissiez constater que je possède de nombreuses années d'expérience dans le domaine de [précisez] en tant que [précisez], notamment dans le rayon (ou comme spécialiste) de [précisez]. J'estime donc connaître ce secteur d'activité sous tous ses aspects.

J'ai toujours considéré [nom de l'entreprise] comme un modèle de qualité, et ce, dès mon premier achat chez vous. Cela s'est confirmé par la suite lorsque j'ai fait connaissance avec certains de vos représentants, et c'est la raison pour laquelle je désire aujourd'hui m'associer à une entreprise telle que la vôtre. Ce serait un honneur et un plaisir de la représenter.

Je serais très heureux de vous rencontrer à vos bureaux lorsque cela vous conviendra. Si vous souhaitez me téléphoner, vous pouvez me joindre au [votre numéro de téléphone].

Je vous prie d'agréer, [formule d'appel], l'expression de mes salutations distinguées.

[Signature manuscrite]
[Votre nom en caractères d'imprimerie]
[Votre numéro de téléphone]

p. j. Curriculum vitæ

[Vos prénom et nom de famille]
[Votre adresse postale]
[Ville (Province) Code postal]

[Date]

[Nom du destinataire]
[Son titre]
[Nom de la compagnie]
[Adresse postale]
[Ville (Province) Code postal]

Objet : [précisez]

[Formule d'appel],

La semaine dernière [ou précisez le moment], j'ai eu le plaisir de faire la connaissance de [nom de la personne] qui travaille chez vous à titre de [précisez] et il m'a informé que vous étiez actuellement à la recherche d'un [précisez].

La description du poste à pourvoir qui m'a été faite par [nom de la personne] m'a convaincu que je corresponds parfaitement à vos critères de sélection et aux exigences de l'emploi puisque je possède [énumérez les critères et les exigences de l'emploi].

Vous trouverez d'ailleurs le détail de ma formation et de mon expérience en consultant mon curriculum vitæ ci-joint.

Je souhaite vivement que ma candidature retienne votre attention, et qu'elle la retienne suffisamment pour que vous éprouviez le désir de me fixer un rendez-vous afin que l'on puisse discuter de ce que nous pouvons nous apporter mutuellement.

Vous pouvez me joindre en tout temps par téléphone ou par courriel, mais, vous sachant très sollicité, je me permettrai de [vous téléphoner ou vous envoyer un courrier électronique] dans une semaine.

Recevez, [formule d'appel], mes salutations bien sincères.

[Signature manuscrite]
[Votre nom en caractères d'imprimerie]
[Votre numéro de téléphone]

p. j. Curriculum vitæ

[Vos prénom et nom de famille]
[Votre adresse postale]
[Ville (Province) Code postal]

[Date]

[Nom du destinataire]
[Son titre]
[Nom de la compagnie]
[Adresse postale]
[Ville (Province) Code postal]

Objet : [précisez]

[Formule d'appel],

La semaine dernière [ou précisez le moment], j'ai rencontré [nommez la personne], [son titre dans l'entreprise visée ou son lien avec le recruteur], et il m'a abondamment parlé de l'entreprise que vous avez créée. Après avoir éveillé mon intérêt, [nom de la personne] m'a fait part de votre désir d'engager un [précisez] pour vous seconder.

En conséquence, je vous envoie mon curriculum vitæ en espérant que vous accepterez d'envisager ma candidature.

Titulaire d'un [nommez votre diplôme] en [précisez], je possède [nombre] ans d'expérience en [précisez] et [nombre] ans d'expérience en [précisez]. En outre, je possède une formation de [précisez] et, au fil des années, j'ai un peu touché à [précisez].

Si mon expérience et mes compétences correspondent à vos attentes, je serais heureux de vous rencontrer en entrevue. À cet égard, je me tiens à votre disposition au moment que vous jugerez opportun.

Au plaisir d'avoir bientôt de vos nouvelles, je vous prie d'agréer, [formule d'appel], l'expression de mes sentiments les meilleurs.

[Signature manuscrite]
[Votre nom en caractères d'imprimerie]
[Votre numéro de téléphone]

p. j. Curriculum vitæ

[Vos prénom et nom de famille]
[Votre adresse postale]
[Ville (Province) Code postal]

[Date]

[Nom du destinataire]
[Son titre]
[Nom de la compagnie]
[Adresse postale]
[Ville (Province) Code postal]

Objet : [précisez]

[Formule d'appel],

Un représentant de votre entreprise, [nom de la personne], qui tenait votre kiosque au Salon de [précisez], m'a informé que vous étiez à la recherche d'un [précisez]. En conséquence, je me permets de vous envoyer mon curriculum vitæ avec l'espoir qu'il sera favorablement accueilli.

Plusieurs années d'expérience en [précisez], dont [nombre écrit en lettres] ont été acquises en grande partie sur le terrain, ont développé mon goût et mes habiletés en [précisez]. À cet égard, je suis persuadé que je peux contribuer avec bonheur à l'expansion et à la prospérité de [nom de l'entreprise visée].

J'aimerais intégrer votre équipe et renforcer vos acquis en mettant mon expérience et ma formation à votre disposition.

Me rencontrer en entrevue vous permettrait d'évaluer mes qualifications en regard de vos exigences et d'étudier ma personnalité pour une éventuelle participation au sein de [nom de l'entreprise visée].

Je vous remercie de l'attention que vous porterez à ma candidature et vous prie d'accepter, [formule d'appel], mes salutations distinguées.

[Signature manuscrite]
[Votre nom en caractères d'imprimerie]
[Votre numéro de téléphone]

p. j. Curriculum vitæ

Vous avez une formation mais pas d'expérience.

[Vos prénom et nom de famille]
[Votre adresse postale]
[Ville (Province) Code postal]

[Date]

[Nom du destinataire]
[Son titre]
[Nom de la compagnie]
[Adresse postale]
[Ville (Province) Code postal]

Objet: [précisez]

[Formule d'appel],

Il y a quelques [précisez: jours, semaines, mois], j'ai assisté à [nommez l'endroit] à une conférence donnée par [nom du conférencier], [son titre] chez vous. C'est avec un vif intérêt que j'ai écouté ses propos et ceux-ci m'ont donné envie d'en apprendre davantage sur [nom de l'entreprise visée].

Toutes les informations que j'ai pu rassembler à votre sujet attestent que [nom de l'entreprise visée] est [nommez quelques déterminants de cette entreprise] et, à cet égard, j'aimerais beaucoup effectuer mes débuts auprès de vous.

Certes, je suis sans expérience en milieu de travail, mais je possède une excellente formation, un puissant désir d'exercer mes compétences et une détermination à toute épreuve. Vous trouverez ci-joint mon curriculum vitæ faisant état de mes études et de mes diplômes ainsi que le relevé de notes qui a mené à l'obtention de [nommez votre diplôme].

Je souhaiterais vous rencontrer afin d'avoir l'occasion de vous exposer mes motivations et mes ambitions. Je vous remercie de l'attention que vous porterez à ma demande et vous prie d'accepter, [formule d'appel], mes salutations distinguées.

[Signature manuscrite]
[Votre nom en caractères d'imprimerie]
[Votre numéro de téléphone]

p. j. Curriculum vitæ
    Relevé de notes

Lettres de présentation pour un emploi d'été

Que vous poursuiviez des études à l'université ou au secondaire, cela importe peu. L'employeur auquel vous vous adressez sait que votre disponibilité est limitée dans le temps, mais il a des besoins et… vous avez des capacités. À vous de les exprimer clairement.

[Vos prénom et nom de famille]
[Votre adresse postale]
[Ville (Province) Code postal]

[Date]

[Nom du destinataire]
[Son titre]
[Nom de la compagnie]
[Adresse postale]
[Ville (Province) Code postal]

Objet : [précisez]

[Formule d'appel],

Dans [nombre de jours ou de semaines], je terminerai ma [énième] année de [précisez : droit, médecine, journalisme, etc.] à l'Université [précisez] et j'aimerais, pour l'été, occuper un emploi qui me mettrait en relation avec des gens [du métier, de la profession].

Je me permets donc de vous envoyer mon curriculum vitæ dans l'espoir que vous voudrez bien prendre ma candidature en considération.

Une rencontre avec vous me permettrait de mieux vous démontrer en quoi ma formation et mes qualités personnelles pourraient être utiles à votre équipe et profitables à [nom de l'entreprise visée]. À cet égard, je me tiens à votre entière disposition pour une entrevue au cours de laquelle je m'engage à vous fournir toutes les informations et références nécessaires à l'analyse de ma candidature.

Dans l'attente de votre appel, je vous prie d'agréer, [formule d'appel], mes salutations distinguées.

[Signature manuscrite]
[Votre nom en caractères d'imprimerie]
[Votre numéro de téléphone]

p. j. Curriculum vitæ

[Vos prénom et nom de famille]
[Votre adresse postale]
[Ville (Province) Code postal]

[Date]

[Nom du destinataire]
[Son titre]
[Nom de la compagnie]
[Adresse postale]
[Ville (Province) Code postal]

Objet : [précisez]

[Formule d'appel],

L'été approche à grands pas et vous aurez sans doute besoin de personnel pour remplacer les employés qui partent en vacances. À cet égard, je vous envoie mon curriculum vitæ car j'aimerais bien travailler chez vous pour la période des vacances scolaires, soit du [précisez] au [précisez].

À plusieurs occasions, j'ai discuté avec des employés de [nom de l'entreprise visée] et ils m'ont tous encouragé à présenter ma candidature.

J'ai [précisez votre âge], je suis consciencieux, sérieux et débrouillard. Je suis disposé à travailler à temps plein et à faire des heures supplémentaires autant qu'il le faudra.

Je serais vraiment heureux de vous rencontrer en entrevue afin de vous dire de vive voix que je m'engage à mettre efficacement mes aptitudes et mes qualités personnelles à votre entière disposition.

Dans l'espoir d'une réponse favorable, je vous prie d'agréer, [formule d'appel], l'expression de ma considération distinguée.

[Signature manuscrite]
[Votre nom en caractères d'imprimerie]
[Votre numéro de téléphone]

p. j. Curriculum vitæ

[Vos prénom et nom de famille]
[Votre adresse postale]
[Ville (Province) Code postal]

[Date]

[Nom du destinataire]
[Son titre]
[Nom de la compagnie]
[Adresse postale]
[Ville (Province) Code postal]

Objet : [précisez]

[Formule d'appel],

Toutes les informations diffusées sur votre [précisez : entreprise, compagnie, firme] donnent vraiment le désir à un étudiant en [précisez votre domaine d'études] d'y passer la durée de ses vacances scolaires.

Futur diplômé de [institution d'enseignement] en [précisez], j'aimerais beaucoup faire mes premières armes chez vous. Certes, il me reste encore [précisez le nombre de mois ou d'années] d'études, mais je crois sincèrement que chacun de nous gagnerait à ce que ma candidature soit retenue : moi parce que je pourrais joindre la pratique à la théorie ; vous parce que vous auriez dans vos rangs une jeune recrue passionnée, avide d'apprendre et disposée à travailler d'arrache-pied.

Je sollicite donc le privilège d'une entrevue au moment qui vous conviendra. Avec mes remerciements anticipés, je vous prie de recevoir, [formule d'appel], mes plus respectueuses salutations.

[Signature manuscrite]
[Votre nom en caractères d'imprimerie]
[Votre numéro de téléphone]

p. j. Curriculum vitæ

[Vos prénom et nom de famille]
[Votre adresse postale]
[Ville (Province) Code postal]

[Date]

[Nom du destinataire]
[Son titre]
[Nom de la compagnie]
[Adresse postale]
[Ville (Province) Code postal]

Objet: [précisez]

[Formule d'appel],

Je suis un élève de [énième] secondaire et j'aimerais me trouver un emploi d'été afin d'acquérir de l'expérience en milieu de travail.

Je crois que je pourrais sans difficulté occuper un poste de [précisez], mais si vous pensez qu'un autre poste, par exemple [précisez], me conviendrait mieux, je suis prêt à l'accepter.

Auriez-vous la gentillesse de m'accorder une entrevue afin que l'on puisse discuter de mes aptitudes ? Si la réponse est positive, vous pouvez me joindre au [votre numéro de téléphone].

En vous remerciant à l'avance, je vous prie d'agréer, [formule d'appel], l'expression de mes sentiments distingués.

[Signature manuscrite]
[Votre nom en caractères d'imprimerie]

p. j. Curriculum vitæ

Si vous êtes recommandé par quelqu'un.

[Vos prénom et nom de famille]
[Votre adresse postale]
[Ville (Province) Code postal]

[Date]

[Nom du destinataire]
[Son titre]
[Nom de la compagnie]
[Adresse postale]
[Ville (Province) Code postal]

Objet: [précisez]

[Formule d'appel],

Comme je serai en vacances scolaires à partir du [précisez la date], mon ami [nom de votre ami], un membre de votre personnel, m'a suggéré de vous faire parvenir mon curriculum vitæ afin de vous offrir mes services à titre de [précisez].

En ce moment, j'étudie (ou je suis) en [précisez la discipline ou indiquez votre niveau de scolarité] à [précisez le nom de l'école, du collège, de l'université ou autre]. Il me reste [nombre de mois ou d'années] avant d'obtenir mon diplôme de [précisez le titre].

En attendant, j'aimerais travailler dans une entreprise qui me permettra d'accroître mon expérience tout en bénéficiant de mes aptitudes et de mes qualités personnelles.

J'ai déjà occupé quelques emplois, notamment en tant que [précisez] à [précisez le ou les noms des entreprises], ce qui m'a permis de développer [précisez quelques qualités pertinentes au poste convoité]. J'ai également fait du bénévolat à [précisez].

Je me permettrai de vous appeler, la semaine prochaine, dans l'espoir que vous voudrez bien m'accorder une entrevue. À l'avance, je vous remercie vivement du temps que vous aurez consacré à me lire et à lire mon curriculum vitæ et vous prie d'agréer, [formule d'appel], mes plus sincères salutations.

[Signature manuscrite]
[Votre nom en caractères d'imprimerie]
[Votre numéro de téléphone]

p. j. Curriculum vitæ

Annexes

Annexe 1

Formules d'introduction pour lettres de présentation à la suite d'un appel téléphonique

Parfois, avant de faire parvenir votre curriculum vitæ par la poste à un éventuel employeur, il est recommandé de lui téléphoner afin qu'il soit disposé (ou mieux disposé) à votre égard. Un simple appel téléphonique peut également vous éviter d'acheminer votre C.V. à des entreprises qui n'embauchent pas.

Voici donc un paragraphe que vous pouvez glisser avant l'une ou l'autre des lettres de cet ouvrage.

***

Comme nous en avons discuté lors de notre entretien téléphonique, je souhaiterais faire partie de votre équipe de travail et obtenir le poste de [précisez].

***

Je tiens à vous remercier sincèrement du temps que vous m'avez accordé lors de notre entretien téléphonique [jour et date] et des informations que vous m'avez généreusement transmises. Je joins à la présente mon curriculum vitæ qui vous en apprendra davantage au sujet de mes compétences et de mon expérience.

***

Pour donner suite à notre conversation téléphonique, je vous fais parvenir mon curriculum vitæ. En le lisant, vous pourrez constater que mes compétences répondent en tous points à vos exigences relativement au poste de [précisez].

***

Tel que nous l'avons convenu au cours de notre entretien téléphonique du [date] dernier, je vous transmets mon curriculum vitæ afin que vous puissiez constater que le poste de [précisez] me conviendrait parfaitement.

***

À la suite d'un appel téléphonique à vos bureaux, je me permets de vous envoyer mon curriculum vitæ afin de vous offrir mes services à titre de [précisez] ou pour tout autre poste que vous jugeriez convenir à mes qualifications.

***

Tel que nous l'avons convenu lors de notre entretien téléphonique, je vous envoie un exemplaire de mon curriculum vitæ. Je souhaite vivement me joindre à votre équipe et participer à l'essor de votre entreprise. Un poste de [précisez] comblerait tous mes désirs, mais j'accepterais tout autre poste correspondant à mes qualifications.

***

À la suite de notre récente conversation téléphonique, je vous fais parvenir mon curriculum vitæ dans le dessein de vous offrir mes services à titre de [précisez].

***

À la suite d'une conversation téléphonique avec [précisez], j'ai appris qu'un poste de [précisez] allait bientôt se libérer dans votre entreprise. À cet égard, j'aimerais soumettre ma candidature et, pour que vous puissiez en apprendre davantage sur moi, je vous fais parvenir mon curriculum vitæ.

***

Lors d'un entretien téléphonique avec [nommez la personne], [son titre dans l'entreprise], il a été jugé pertinent que je vous fasse parvenir mon curriculum vitæ afin de poser ma candidature au poste de [précisez].

***

J'ai eu beaucoup de plaisir à discuter avec vous le [date] dernier. Pour faire suite à cette conversation téléphonique, je me permets de vous faire parvenir mon curriculum vitæ dans l'espoir que vous accepterez de considérer ma candidature au poste de [précisez].

Lettres d'offre de services

Annexe 2

Lexique des idées par les mots

Nous vous offrons un lexique des idées par les mots destiné à vous aider dans la rédaction de votre lettre de présentation. N'oubliez pas qu'une lettre comportant un vocabulaire varié est non seulement plus agréable à lire, mais témoigne aussi d'une certaine culture.

Chaque nom, chaque verbe et chaque adjectif possèdent leur signification propre, mais le sens général de chacun des mots dans un alinéa est sensiblement le même. C'est à vous de choisir celui qui vous convient le mieux.

Ce que les employeurs recherchent

Voici d'abord une courte liste de ce que recherchent la grande majorité des employeurs. Cette liste pourra vous aider à étoffer vos lettres de présentation en utilisant des qualités que vous saurez être estimées, voire essentielles, pour vos éventuels patrons.

Le sens de l'initiative, la créativité, l'originalité, le sens de l'organisation, le sens de la planification, la capacité de faire l'évaluation du coût/gestion, des compétences pertinentes, des connaissances et qualifications techniques, la diligence, la fiabilité, la fidélité, la loyauté, l'honnêteté, la détermination, la capacité à résoudre des problèmes (avec créativité, si possible) et l'aptitude à travailler en équipe.

Des adjectifs pour vous qualifier

- Accommodant, compréhensif, conciliant, flexible, souple, tolérant.

- Avant-gardiste, créateur, innovateur, novateur, original, progressiste.

- Assidu, ponctuel, sérieux.

- Actif, dynamique, efficace, énergique, entreprenant, industrieux, productif, professionnel, travailleur.

- Adroit, astucieux, capable, compétent, débrouillard, doué, habile, ingénieux.

- Appliqué, consciencieux, méthodique, méticuleux, minutieux, organisé, perfectionniste, précis, responsable.

- Autonome, indépendant.

- Avenant, courtois, disponible, empathique, serviable, sociable, sympathique.

- Avisé, concret, positif, pragmatique, pratique, prudent, réaliste, réfléchi.

- Calme, pondéré, sûr de moi.

- Cartésien, cohérent, logique, lucide, rationnel.

- Déterminé, endurant, patient, persévérant, tenace, volontaire.

- Diligent, empressé, prévoyant.

- Fiable, franc, honnête, intègre, loyal.
- Intuitif, observateur, perspicace, sensible.

  J'ai une bonne capacité d'analyse.
  J'ai un bon sens critique.
  J'ai un bon sens de l'humour.
  J'ai le sens de l'initiative.
  J'ai des dons artistiques.
  Je sais faire preuve de tact et de diplomatie.

Des noms communs d'action

- Aboutissement, achèvement, conclusion, dénouement, issue, réussite, résolution, résultat, solution, terminaison.
- Accomplissement, composition, conception, construction, création, élaboration, exécution, fabrication, formation, imagination, invention, œuvre, ouvrage, préparation, production, réalisation.
- Acceptation, accord, approbation, assentiment, compromis, conciliation, concession, convention, entente, règlement, résolution, solution, soutien, transaction.
- Accroissement, agrandissement, amélioration, augmentation, croissance, développement, élargissement, évolution, extension, expansion, progrès, progression, recrudescence, reprise.
- Administration, direction, gestion, management, organisation, structure.
- Affaire, circulation, commerce, échange, marché, négoce, opération.
- Affirmation, allégation, assertion, axiome, démonstration, hypothèse, postulat, précepte, principe, proposition, thèse.
- Agencement, aménagement, arrangement, classification, cohérence, configuration, coordination, méthode, minutie, ordonnance, organisation, plan, rangement, tenue.

- Analyse, déduction, démonstration, étude, expertise, induction, investigation, synthèse.

- Alliance, association, constitution, faction, formation, groupe, groupement, regroupement, union.

- Avis, annonce, communication, communiqué, compte-rendu, dépêche, information, message, renseignement.

- Bon sens, diplomatie, doigté, entregent, jugement, perspicacité, tact.

- Budgétisation, économie, finances.

- Bureautique, informatique, télématique.

- Collaboration, concours, coopération, main-forte, participation.

- Commerce, compagnie, comptoir, entreprise, établissement, fabrique, firme, industrie, magasin, manufacture, société, succursale, usine.

- Communication, correspondance, échange, liaison, rapport, relation, transmission.

- Consigne, directive, instruction, recommandation.

- Constitution, édification, établissement, fondation, implantation, installation, instauration, positionnement.

- Convenance, convention, étiquette, protocole, règle, usage.

- Déroulement, processus, marche.

- Détermination, fermeté, intention, résolution, volonté.

- Embauche, engagement, recrutement.

- Équilibre, harmonie, maîtrise, pondération, raison.

- Informatique, langage, logiciel, progiciel, programmation, programme, traitement.

- Normalisation, rationalisation, régularisation, standardisation, systématisation, taylorisation.

Des verbes d'action du domaine des affaires

- Aboutir, arriver, atteindre, gagner, parvenir, rencontrer, trouver.

- Accepter, acquiescer, admettre, agréer, applaudir, approuver, autoriser, donner raison, entériner, être d'accord, homologuer, permettre, ratifier.

- Accommoder, accorder, concilier, faire concorder, harmoniser.

- Accomplir, agir, créer, concevoir, concrétiser, effectuer, exécuter, exercer, fabriquer, matérialiser, opérer, procéder, produire, réaliser, remplir, répondre, s'acquitter, satisfaire, se comporter, se conduire.

- Accorder, allouer, attribuer, céder, concéder, conférer, consentir, décerner, donner, favoriser, fournir, gratifier, honorer, nantir, octroyer, offrir, présenter, procurer, proposer, récompenser.

- Accroître, agrandir, amplifier, augmenter, développer, étendre, intensifier, majorer, multiplier, redoubler.

- Actualiser, adapter, améliorer, amender, bonifier, changer, convertir, corriger, moderniser, modifier, perfectionner, rajeunir, réaménager, réformer, remanier, remodeler, renouveler, rénover, réorganiser, réparer, restaurer, restructurer, révolutionner, transformer, transmuer.

- Adapter, acclimater, apprendre, apprivoiser, éduquer, façonner, initier.

- Adapter, ajuster, aplanir, égaliser, niveler, uniformiser.

- Administrer, conduire, gérer, gouverner, guider, manager, manœuvrer, mener, orchestrer, organiser, piloter, présider, régir.

- Affecter, appliquer, assigner, attacher, attribuer, charger de, déléguer, dépêcher, détacher, employer, engager, envoyer, nommer.

- Affermir, assurer, cimenter, consolider, étayer, fortifier, raffermir, renforcer, soutenir, stabiliser.

- Affirmer, alléguer, assurer, attester, avancer, certifier, énoncer, formuler, garantir, présenter, prétendre, proposer, soutenir, suggérer.

- Aider, alléger, assister, contribuer, défendre, encourager, épauler, fournir, participer, préserver, protéger, sauvegarder, seconder, se dévouer, se soucier, soutenir, stimuler.

- Aiguillonner, animer, encourager, enflammer, guider, inspirer, motiver, stimuler.

- Analyser, approfondir, choisir, comparer, considérer, démêler, différencier, discerner, distinguer, élaborer, élucider, étudier, évaluer, examiner, fouiller, juger, observer, vérifier, voir.

- Annoncer, apprendre, avertir, aviser, communiquer, déclarer, dire, indiquer, informer, manifester, prédire, prévenir, proclamer, publier, révéler, signaler.

- Apprécier, calculer, comparer, comprendre, coter, déterminer, discerner, estimer, expertiser, jauger, juger, mesurer, peser, saisir.

- Approvisionner, donner, fournir, livrer, satisfaire, subvenir.

- Arbitrer, codifier, concilier, décider, déterminer, dicter, établir, fixer, juger, réconcilier, réglementer, régler, résoudre, statuer, trancher.

- Arranger, attribuer, cataloguer, classer, coordonner, disposer, étiqueter, grouper, ordonner, organiser, répartir, répertorier, trier.

- Associer, assembler, assortir, collaborer, partager, participer, réunir, se joindre.

- Assumer, endosser, prendre sur soi, reconnaître.

- Automatiser, mécaniser, robotiser, standardiser.

- Calculer, chiffrer, compiler, compter, dénombrer, évaluer, facturer, inventorier.

- Céder, commercer, écouler, liquider, négocier, solder, vendre.

- Communiquer, confier, convaincre, dire, discourir, exposer, exprimer, extérioriser, manifester, parler, persuader, prononcer, prouver, révéler, s'épancher, s'ouvrir, traduire.

- Conseiller, diriger, entraîner, exhorter, inciter, indiquer, influencer, peser sur, pousser, recommander, suggérer.

Annexe 3

Formules de salutation

La présente annexe est divisée en trois parties, tout comme l'est une formule de salutation. Choisissez une expression dans le premier bloc, une autre dans le deuxième bloc et une dernière dans le troisième bloc, et ce, en respectant la ponctuation. Cependant, vous pouvez choisir de commencer vos salutations en omettant le premier bloc.

Premier bloc

- Avec mes remerciements anticipés,
- Dans l'espoir d'une réponse favorable,
- En attendant le plaisir de vous rencontrer,
- En vous priant de bien vouloir prendre ma candidature en considération,
- Dans cette attente,
- Dans l'attente de votre appel,
- Dans l'attente de vos nouvelles,

- Dans l'attente de vous lire ou de vous entendre,
- Dans l'attente et en vue d'une collaboration sérieuse,
- Dans l'attente et l'espoir,
- Dans l'attente d'une occasion de vous rencontrer,
- Dans l'espoir que vous prendrez en considération ma demande,
- À l'avance, je vous remercie vivement de votre obligeance et
- En vous remerciant à l'avance de l'attention que vous voudrez bien porter à cette lettre,
- Vous souhaitant bonne réception,
- Je vous remercie de l'attention que vous porterez à ma demande et
- Je vous remercie à l'avance de votre attention et
- Espérant que vous pourrez donner suite favorablement à ma demande,

Deuxième bloc

- ... je vous prie d'agréer
- ... je vous prie de recevoir
- ... je vous prie de croire en
- ... je vous prie d'accepter

Troisième bloc

- mes salutations distinguées.
- mes cordiales salutations.
- mes sincères salutations.
- mes meilleures salutations.
- l'expression de ma considération distinguée.
- l'expression de mon sincère dévouement.
- l'expression de mes sentiments distingués.

- l'expression de mes meilleurs sentiments.
- l'expression de mes sentiments respectueux.

Formules de salutation plus directes

Quand la formule de salutation est à la forme impérative, commencez-la de la façon suivante et terminez-la en empruntant une formule du troisième bloc.

- Veuillez agréer, [formule d'appel], [formule du troisième bloc].
- Recevez, [formule d'appel], [formule du troisième bloc].
- Croyez, [formule d'appel], [formule du troisième bloc].
- Acceptez, [formule d'appel], [formule du troisième bloc].

Lettre de motivation envoyée par Léonard de Vinci au duc de Milan[1]

Ayant, très illustre Seigneur, vu et étudié les expériences de tous ceux qui se prétendent maîtres en l'art d'inventer des machines de guerre et ayant constaté que leurs machines ne diffèrent en rien de celles communément en usage, je m'appliquerai, sans vouloir faire injure à aucun, à révéler à Votre Excellence certains secrets qui me sont personnels, brièvement énumérés ici.

1. J'ai un moyen de construire des ponts très légers et faciles à transporter, pour la poursuite de l'ennemi en fuite; d'autres plus solides qui résistent au feu et à l'assaut, et aussi aisés à poser et à enlever.

---

1. Source: *Les pensées de Léonard de Vinci*. Plaquette éditée par « le Clos Lucé ».

Je connais aussi des moyens de brûler et de détruire les ponts de l'ennemi.

2. Dans les cas d'investissement d'une place, je sais comment chasser l'eau des fossés et faire des échelles d'escalade et autres instruments d'assaut.

3. Si par sa hauteur ou par sa force, la place ne peut être bombardée, j'ai un moyen de miner toute forteresse dont les fondations ne sont pas en pierre.

4. Je puis faire un canon facile à transporter qui lance des matières inflammables, causant un grand dommage et aussi grande terreur par la fumée.

5. Au moyen de passages souterrains étroits et tortueux, creusés sans bruit, je peux faire passer une route sous des fossés et sous un fleuve.

6. Je puis construire des voitures couvertes et indestructibles (des tanks) portant de l'artillerie et qui, ouvrant les rangs de l'ennemi, briseraient les troupes les plus solides. L'infanterie les suivrait sans difficulté.

7. Je puis construire des canons, des mortiers, des engins à feu de forme pratique et différents de ceux en usage.

8. Là où on ne peut se servir de canon, je puis le remplacer par des catapultes et des engins pour lancer des traits d'une efficacité étonnante et jusqu'ici inconnus. Enfin, quel que soit le cas, je puis trouver des moyens infinis pour l'attaque.

9. _S'il s'agit d'un combat naval, j'ai de nombreuses machines de la plus grande puissance pour l'attaque comme pour la défense : vaisseaux qui résistent au feu le plus vif, poudres et vapeurs.

10. En temps de paix, je puis égaler, je crois, n'importe qui dans l'architecture, construire des monuments privés et publics, et conduire l'eau d'un endroit à l'autre. Je puis exécuter de la sculpture en marbre, en bronze, en terre cuite. En peinture, je puis faire ce que ferait un autre, quel qu'il puisse être. Et en outre, je m'engagerais à exécuter le cheval de bronze à la mémoire éternelle de votre père et de la Très Illustre Maison de Sforza.

Et si quelqu'une des choses ci-dessus énumérées vous semblait impossible ou impraticable, je vous offre d'en faire l'essai dans votre parc ou en toute autre place qu'il plaira à Votre Excellence, à laquelle je me recommande en toute humilité.